미라클 액션

기회를 성공으로 이끄는 행동력 훈련 37

미라클 액션

초판 1쇄 발행 2020년 5월 1일
초판 2쇄 발행 2020년 5월 14일

지은이 하재준

발행인 백유미 조영석
발행처 (주)라온아시아
주소 서울특별시 서초구 효령로 34길 4, 프린스효령빌딩 5F

등록 2016년 7월 5일 제 2016-000141호
전화 070-7600-8230 **팩스** 070-4754-2473

값 14,000원
ISBN 979-11-90233-96-5 (03190)

미라클 액션

기회를 성공으로 이끄는 행동력 훈련 37

MIRACLE ACTION

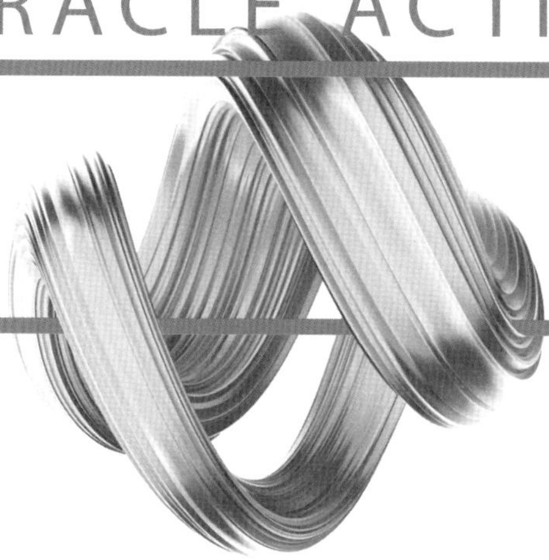

하재준 지음

RAON
BOOK

나는 늘 현장에서 미래를 설계한다

나는 영업을 잘한다. 언제부터 영업을 잘했는지는 모른다. 아니, 어쩌면 처음 영업 일을 시작했을 때부터 잘하지 않았나 싶다. 사람을 움직여 영업 조직을 만들고 그 안에서 영업력을 강화하게끔 독려하는 일도 내가 잘하는 일이다. 조직을 체계화하고 관리하고 운영하는 일에도 큰 어려움은 없다. 이런 영업력은 나를 지금의 이 자리에 오게 하는 데 큰 도움을 주었다. 세상에 없던 새로운 것을 만들어내는 드문 경우를 제외하고는, 크고 작은 모든 사업을 이끌어가는 자원은 영업력이기 때문이다. 특히 경쟁자가 많은 레드오션 사업의 경우 영업 능력은 사업의 성패를 좌우하는 핵심 요소가 된다.

영업을 하는 데 별 어려움을 겪지 않다 보니, 나는 내가 어떻게 영업을 잘하고 못하는지에 대해 고민해보지 않았다. 지금도 내가 이끄는 조직 내에서 나보다 영업을 잘하는 사람은 없다는 자기최면에 빠져 있다. 재미있는 사실은, 주변에 좋은 성과를 내고 있는 회사의 대표들을 만나보면 그들도 역시 나와 비슷한 생각을 하고 있다는 것이다. 그러면서 문득 궁금해졌다. 사업을, 영업을 잘한다는 것은 무엇이며 잘한다는 것의 정의는 무엇일까? 못한다면 그 원인은 어디에 있으며 어떤 부분을 바꾸어야 영업을 잘하게 될 수 있을까?

나는 영업 조직을 운영하고 관리하는 일이나 대중 앞에서 말하는 일이나 조직을 체계화하는 일이 그다지 어렵지 않았다. 그런 덕에 남들이 하나도 제대로 하기 힘든 사업을 동시에 여러 개, 그것도 다양한 분야에서 병행하고 있다. ㈜지엔에이에는 종합광고 대행사, 신차 리스 및 장기 렌트, 할부금융 제휴점 등의 사업부가 있으며 ㈜트리플에이치에서는 엔터테인먼트 및 영상제작 일을 한다. 또 카페 등의 컨설팅 및 운영을 하고 있는 요식업 법인 ㈜이조은푸드도 경영하고 있다. 이조은푸드의 시작은 시흥에서 거의 망해가던 가게를 인수해 월 매출 1억 이상의 카페로 탄생시킨 대형 카페 '메르블루'였다. 지금도 메르블루는 내게 아주 각별한 사업장이다.

이것 말고도 제조 및 판매업, 해외 식당, 부동산 등 다양한 업종을 운영, 관리하고 있다. 한 분야를 여러 개 하는 것과 서로 다른 여러 업종을 여러 개 하는 것에는 큰 차이가 있다. 그 때문에 많은 사람들이 나를 두고 뒤에 투자자가 있다거나 물려받은 것이 많은 '금수저' 집안 출신이라고 생각하는 경우가 많다. 하지만 나는 평범한 집에서 태어났고 보통 사람으로 자랐다. IMF 때는 오히려 집안이 '거덜 난' 흙수저 중의 흙수저 출신이다.

지금의 나를 있게 한 원동력은 '긍정적인 생각'과 할 수 있다는 '자신감' 그리고 무엇이든 시작하고 실천한 '행동력'에 있다고 나는 자신한다. 나는 스무 살에 내 사업체를 운영할 것이라고 결심했고, 마흔 살이 되기 전에 내가 설계한 사업가의 그림을 완성하리라 아침마다 주문을 외웠다. 스스로 천운을 타고났다고 생각했고, 이 천운을 올바르고 성실하게 사용하리라 다짐하고 또 다짐하며 하루를 시작했다.

감사하게도, 운이 좋아 지금까지 치명적인 실패 없이 사업체를 잘 꾸려왔고, 내가 계획한 것들을 하나 둘씩 이루어가고 있는 중이다. 이 책은 내가 경험한 작은 실천들을 여러 사람들과 나누기 위한 기록이다. 금수저니 흙수저니 하면서 스스로의 성장 가능성을 제한해버리는 사람들이 점점 많아지는 요즘, 우리에게 강력한 행동력이 있다면 이러한 배경 따위가 얼마나 무의미한 것인지 꼭 한 번 경험하게 해주고 싶었다.

이 책은 거창한 행동력을 요구하지 않는다. 어떤 행동을 해야 한다는 방법론을 강요하는 것도 아니며, 이렇게 해야만 인생에서 성공할 수 있다고 주장하는 책은 더더욱 아니다. 그저 내가 사소한 한 가지부터 '행동'하고 실행했을 때 얻었던 너무도 쉽고 일반적인 경험에 대한 고백이다. 내가 경험한 작은 기적들, 그다지 대단치 않은 행동으로 얻을 수 있었던 대단한 경험들이 독자들에게도 공유되기를 바란다. 나에게 행동력은 스스로를 이기는 무기다. 이 책을 집어든 독자들에게도 이 손쉬운 인생 나침반이 꼭 전해졌으면 하는 바람이다. 이 나침반이 없이 무작정 걷기에는 인생의 갈래 길이 너무도 많다.

끝으로 이 책을 쓸 수 있게 도와준 회사 및 매장의 임직원들, 특히 매주 아침마다 직접적인 조력을 해준 임채민 팀장에게 고맙다는 말을 전하고 싶다. 또 책이 나오기까지 수고해준 출판사 라온북 식구들에게 진심으로 감사를 드린다. 덧붙여 부족한 책의 추천사를 마다하지 않고 써주신 분들과 독자들께 머리 숙여 인사드린다.

한재준

| 차례 |

1장 냉철한 판단 : 결정할 것인가 주저할 것인가

2장

꾸준한 노력 : 계속할 것인가 멈출 것인가

3장

확실한 신뢰 : 믿을 것인가 의심할 것인가

4장

과감한 결단 : 받아들일 것인가 버릴 것인가

5장

용감한 도전 : 전진할 것인가 뒤돌아볼 것인가

1장

냉철한 판단

결정할 것인가 주저할 것인가

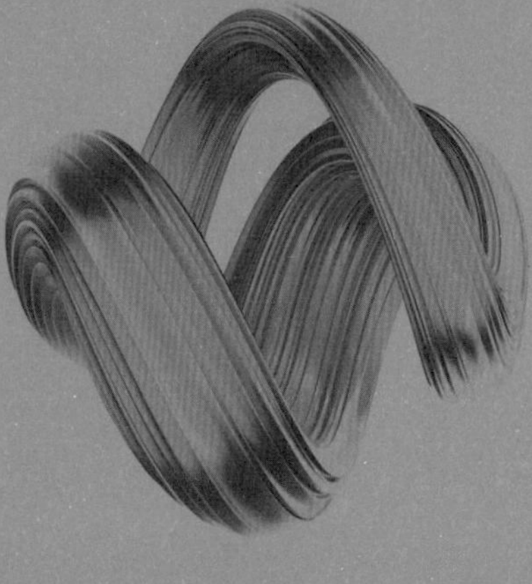

1
'흙수저의 자수성가'를 달가워하는 사람은 드물다

수저 색깔은 중요하지 않다

흙수저니 금수저니 하는 말이 유행한 지도 꽤 오래되었다. 사람의 타고난 환경에 따라 부유한 환경과 그렇지 못한 환경을 양극화해서 '수저'로 부르는 이 이분법적 사고가 썩 유쾌하지는 않지만 이제는 너도나도 하도 흔히 쓰는 바람에 익숙해진 지 오래다.

안타까운 사실은 이 친구는 금수저다, 흙수저다 하는 기준이 단순히 과거 자라온 환경에서 끝나는 것이 아니라 현재의 핑계 거리로도 작용하고 있다는 사실이다.

요즘 세대는 자신이 이루지 못한 데 대한 원인을 스스로에게서 찾는 것이 아니라 쉽게 수저 탓으로 돌리곤 한다. 저 사람이 왜 저렇게 잘되었는지를 그 사람의 삶의 방식에서 찾으려고 노력하지 않고, “너는 금수저니까”라는 말로 합리화하곤 한다.

이런 이분법이 전적으로 근거가 없는 것은 아니다. 자본주의 사회에서 부모님이 잘살고 자본력이 뒷받침되면 보다 유리한 고지에서 시작할 수 있는 건 명백한 사실이니까. 하지만 눈을 제대로 뜨고 보면 기회는 여전히 우리 주변에 많다. 자수성가형 리더들은 차고 넘치며, 번득이는 아이디어와 에너지 넘치는 활동력으로 자신의 미래를 일구어낸 젊은이들도 얼마든지 찾을 수 있다. 더구나 IT 기술과 투자회사의 발달로 인해 남다른 아이디어만 있다면 이전보다 적은 자본력으로도 상위 리더로 갈 수 있는 사다리가 곳곳에 놓여 있음도 부인할 수 없다.

금수저라는 편견 vs
흙수저라는 핑계

아직 많이 부족하긴 해도, 나 또한 젊은 나이에 사업체를 많이 운영하다 보니 잘사는 집 자식이라는 소문에 자주 휩싸인다. 어떤 이는 내가 엄청난 재력가의 아들이라고 하고, 어떤 이는 나를 뒤에서 밀어주는 굉장히 큰손이 있다고도 한다.

나는 구태여 이런 소문을 막으려 애쓰지 않는다. 그리고 누가 먼저 알고 묻지 않는 한은 절대로 자수성가했다는 말을 꺼내지 않는다. 사람들이 겉으로는 자수성가를 좋아하는 것 같지만, 실제로는 오히려 부자에게보다 더 큰 시샘을 느끼는 경우가 많다는 것을 알기 때문이다.

나보다 앞서 나가는 사람이 금수저 출신이라면, 저 사람은 금수저니까 쉽게 성공했겠지 하며 스스로를 위안할 수 있다. 그러나 자신과 비슷한 처지거나 더 못한 환경에서 시작한 사람이 성공했다면 스스로를 합리화할 핑계를 찾을 수 없다. 자연스레, 자기 자신이 볼품없이 느껴지고 상대적으로 작아지는 것을 느낀다. 그래서 사람들은 의외로 흙수저의 자수성가를 반기지 않는다.

그래도 아주 드물게나마 힘들게 성공한 스토리를 듣고 자신도 할 수 있구나 생각해주는 사람이 있기는 하다. 나 역시 그런 드문 사람들 가운데 하나여서 항상 나도 할 수 있다고 생각해왔고, 그런 사람들이 또다시 흙수저 탈출의 성공 스토리를 써주기를 기대하곤 한다.

중3, IMF와 함께 우리 집은 몰락했다

내가 중학교 3학년이던 1997년은 대한민국에 IMF 구제금융 요청 사태가 벌어진 해였다. 그리고 그해는 내 인생에서 터닝 포인트가 되었던 해이기도 하다.

그때까지 나는 인생에서 큰 욕심이나 목표가 없었다. 학교생활도 성실히 하지 못했고 교우관계도 원만하지 못했다. 한마디로, 무엇 하나 잘하는 것이 없는 애였다.

그 당시 사업을 하던 분들이 다 어려웠듯이 우리 아버지도 예외는 아니었다. 운영하던 작은 사업체가 도산하면서 아버지는 도망을 다녀야 했고 그 탓에 한동안 만날 수도 없었다. 그러던 어느 날 정장 차림의 남자 세 명이 집에 찾아와 집 안 가구며 가전제품 곳곳에 빨간 딱지를 붙이기 시작했다. 희한하게도 그날 나는 굳이 누가 설명해주지 않았어도 느낌으로 그들이 우리에게서 물건을 빼앗아가는 것임을 알 수 있었다. 울면서 못하게 막아섰지만 어머니가 말리는 통에 그저 보고만 있을 수밖에 없었다.

지금 돌이켜보면, 몇 개월이 지난 뒤 우리 집은 경매에 넘어갔던 것 같다. 어머니는 나를 데리고 집 옆에 있던 교회로 갔다. 우리가 다니던 교회는 아니었고, 아마 사정 이야기를 해서 잠잘 곳을 얻은 것 같았다.

낮에 사람이 있을 때는 창피해서 교회 밖을 서성이다가 저녁이 되면 낯선 교회에 들어가 바닥에 전기장판을 깔고 누워 잠을 청했다. 얇은 전기장판과 한 겹 이불로는 시멘트 바닥에서 올라오는 냉기를 좀처럼 막을 수 없었던 기억이 지금도 생생하다. 굉장히 추웠고 또 싸늘한 냉기가 온몸을 파고들었다. 그렇게 낯선 교회에서 잠을 자며 약 두어 달을 생활했다.

어머니의 숨결에서 쇳가루가 묻어나왔다

어머니는 그때까지 이렇다 할 경제적인 활동을 하지 않던 분이었다. 몸도 남들보다 약했고, 크게 돈 욕심도 없는 분이었다. 여느 어머님들이 그렇듯이 법 없이도 사는 사람. 그런 사람이 내 어머니였다.

아버지가 채권자들을 피해 가족과 떨어져 지내게 되자, 우리 가족은 제대로 된 식사를 하는 것도 어려워졌다. 어머니는 걱정하는 내게 아는 공장에 일자리를 구했다고 하며 그리로 출근하셨다. 어머니는 일이 굉장히 편해서 좋다고 하셨다. 어린 마음에 그래도 일이 편하다고 하시니 다행이라고 생각했다.

그러던 어느 날, 어머니가 방에서 몰래 코를 푸시는데 은색 쇳가루가 휴지에 잔뜩 묻어나오는 것이 아닌가! 그 당시만 해도 노동자의 건강을 크게 생각하지 않을 때라 충분히 있을 수 있는 일이었다. 어머니의 쇳가루 묻은 숨결을 보면서, 나는 돈을 벌지 않으면 우리 가족이 이렇게 힘들고 비참해질 수 있구나 하는 걸 절실히 깨달았다.

그 뒤로 내 삶은 180도 바뀌었다. 고등학교 때 아버지는 집으로 돌아오셨지만 경제적인 복귀는 어려웠다. 빚이 여전히 많았던 탓에 집안 환경은 나아지지 않았다. 3년 내내 빌라 반지하에 살면서 나는 매 학기 학비 감면 신청 서류를 냈고, 급식비조차 부담스러워 생활고로 인한 급식비 지원을 받아가며 학교를 다녔다.

고등학교 1학년 때는, 담임선생님이 반 친구들이 다 있는 자리에서 급식비 지원을 받는 사람에게 손을 들라고 했다. 당시 느꼈던 창

2020년, 졸업 14년 만에 모교에 후원금을 전달했다.

피함과 원인 모를 부끄러움은 20년이 흐른 지금까지도 생생하게 남아 있지만, 고등학생의 나는 애써 위축되지 않으려고 겉으로는 더 당당하게 행동했고, 훗날 정말 돈을 많이 벌겠다는 각오를 다졌다. 2020년 3월, 고맙게도 나는 모교인 인천외국어고등학교에 학교발전기금 1,000만 원을 후원하는 기회를 가질 수 있었다. 나는 밴드부 연습실을 달라고 교장실에 뛰어 들어갔을 때 10년 뒤에 10배로 갚겠다고 당시 교장선생님께 호언장담한 바 있다(224쪽, '안 된다는 생각은 로그아웃하라' 참조). 10년이 조금 넘었만 이제라도 그 약속을 지킬 수 있어서 마음이 놓인다.

출발선은
중요하지 않다

지금은 이런 과거가 너무 감사하다. 나는 한 번씩 내 인생이 왜 이런 식으로 흘러오고 있는지, 무엇이 나를 이렇게 열심히 살게 만들었는지 돌아볼 때가 있는데 그 이유 중 가장 큰 것은 위에 언급한 환경적 실연이다. 그런 처참함을 일찍이 몸소 겪지 않았다면 내가 지금처럼 강하게 세상에 맞서는 정신력을 가질 수 있었을지 의문이다.

나도 나중에 2세를 키워야 할 텐데 교육을 어떻게 해야 나만큼 정신 무장을 할 수 있는지 고민이 많다. 아이들의 정신 무장을 위해서라도 때가 되면 집이 경매에 넘어가고 아내가 공장에서 일하는 연출이라도 해야 하나 진지하게 고민을 한 적도 있다.

동트기 전이 가장 어둡다는 말이 있다. 태양이 뜨기 직전, 빛의 산란으로 달빛이 가려지면서 가장 어두운 시기가 온다는 말이다. 인생도 이와 같다. 동이 트기 위해서는 가장 어두운 시기를 반드시 거쳐야 하고, 가장 어두운 시기 뒤에는 가장 밝은 빛이 기다리고 있음을 많은 위인들은 말하고 있다.

어차피 세상은 불공평하게 시작되고 모든 사람의 출발선은 당연히 다르게 시작한다. 그렇다고 달리기의 결과를 금수저 탓으로 돌리고만 서 있기에는 인생이 너무 짧다.

실제로 우리 옆에는 흙수저로 시작해서 금수저로 달려가는 수많은 리더들이 있다. 젊은 시절의 손해와 실패를, 인생의 어느 한 시기에 겪는 어려움과 고난을 탓하고 겁내지 마라. 출발점은 다를지 몰라도 전력으로 달릴 수 있는 기회는 흙수저에게 열려 있다. 아니, 오히려 돈 주고도 살 수 없는 그런 시련의 경험이 우리를 더욱 강하게 단련시켜줄 것이다.

2

리스크의 최전선에 서라

자동차 중고단지 옆 커피 전문점 옆 탁구장

나는 스물아홉 살에 카페를 처음 창업했다. 그 이전까지 부동산을 하면서 각종 상권에 대한 지식과 관심도는 높았지만 요식업이나 카페를 직접 운영할 계획은 생각해보지 않았다. 요리라고는 달걀 프라이밖에 할 줄 몰랐고 커피는 평생 마셔보지 않았던 전혀 관심 밖의 분야였다.

어느 날 선배와 인천에 위치한 중고자동차 매매단지를 방문하게 되었다. 매매단지 1층 대로변 상가에 유명 프랜차이즈 커피 전문매장이 하나 있었는데 낮 시간에 손님이 꽤 많은 것이 장사가 굉장히 잘되어 보였다. 평소 부동산업을 하면서 상권에 대한 관심이 높던 나는 그 모습이 유독 눈에 들어왔다. 그런데 절묘하게도 그 매장 바로 옆에 공실이 있는 게 눈에 띄었다. 널찍한 매장은 텅 비어 있었고 그 안에 간이 탁구대 두 대가 설치되어 있을 뿐이었다. 1층 대로변 매장을 탁구장으로 사용한다는 것이 잘 납득이 가지 않았다. 미심쩍은 마음 반, 호기심 반인 마음으로 약속 장소에서 선배를 만나 밥을 먹으러 갔다.

"이곳에서는 커피를 팔 수 없습니다"

한번 호기심이 발동하기 시작하니 식사를 하는 내내 선배의 말은 귀에 들어오지 않고, 이유가 너무 궁금했다. 급기야 식사 도중 선배에게 화장실을 다녀온다고 둘러대고 건물 뒤로 나와 해당 건물의 업무지원팀을 찾아가 임대 관리 담당자를 불러달라고 했다. 탁구장 자리를 임대하고 싶다고 하자 담당자는 "업종을 어떤 걸 하실 예정이신데요?"라고 물어왔다.

이 말에는 두 가지 함축적인 의미가 있었다. 하나는 일단 임대가 가능하다는 사실이다. 또 하나는 '임대를 놓긴 놓을 예정이지만 업종에 제한이 있다'는 의미였다. 여기까지 생각이 정리되니 대화의 방향이 정해졌다. 선배와의 자리를 이런저런 핑계로 서둘러 마친 후 다시 임대 관리팀을 방문해 담당자와 마주했다.

"이 자리는 카페만 아니면 입점이 가능하죠? 식당이나 의류매장 같은 것 말입니다."

내가 다시 만난 임대 관리팀장에게 뱉은 첫 마디였다. 그제야 미심쩍은 표정을 짓던 임대 팀장의 표정이 환하게 밝아지면서 얼마든지 가능하다는 답변이 돌아왔다. 답은 명확해졌고 이제 그 이유를 알아야 했다. 나는 음식에 대해서는 정말 문외한이고 자신이 없는 분야였기 때문에 요식업을 창업할 생각은 조금도 해보지 않았다. 하지만 처음부터 그렇게 의도를 드러냈으면 정확한 사정을 들을 수 없을 것이기에 우선 음식점에 관심이 있는 것처럼 대화를 이어 나갔다.

"저는 음식점, 가능하면 육개장 전문점을 할 예정입니다. 그런데 이런 큰 건물에 카페가 두 개 정도는 있어도 될 텐데 무슨 이유로 임대가 안 되는지 궁금합니다. 카페로 임대를 놓으셨으면 이미 임대가 나가지 않았을까요?"

"맞습니다. 카페 문의는 일주일에 지금 세 팀씩 오고 있어요. 그런데 아직 옆에 있는 커피 전문점의 커피 메뉴 독점 계약 기간이 남아 있기 때문에 카페로는 임대를 내놓지 못하고 있습니다."

예상했던 답변이었다. 독점에 대한 계약이 있지 않았다면 진작 카페가 하나 정도는 더 들어왔을 상황이었다. 나 말고도 이미 서른 팀이 넘는 개인 및 프랜차이즈 본사 직원이 찾아왔지만 옆 카페 매장의 독점권 때문에 현재 2년이 다 되도록 임차인이 나타나지 않은 상태에서 탁구장으로 사용하고 있다는 것이었다. 대부분의 문의자들이 독점이 있다는 말만 듣고 그 이상의 협상을 하지 못하고 돌아갔던 것이다.

4천만 원짜리 리스크에 도전하다

내용을 정확히 파악하니 꼭 그 자리에 카페를 하고 싶어졌다. 그냥 물러서지 않고 독점의 기간이 얼마나 남았는지 확인했다. 임대 팀장은 10개월 정도가 남았다면서 그때쯤엔 대기하고 있는 카페 창업 희망자들이 몰려들 것이라는 말을 덧붙였다. 그 말인즉슨 우리에게는 기회조차 없을 수 있다는 뜻이었다.

당장 머릿속으로 해당 매장의 10개월 임대료를 합산해보았다. 대략 4천만 원 정도가 나왔다. 만약 내가 현재 영업 중인 커피 전문점을 인수한다고 가정해보면 권리금이 최소 1억 원은 넘을 것이라는 계산이 나왔다. 그에 비해 4천만 원이면 충분히 합리적인 권리금이라는 생각이 들었다. 여기까지 생각이 정리되자 자연스럽게 계획이 세워졌다.

나는 음식점 및 커피 판매점으로 계약을 하되 커피매장 독점이 끝나는 그해 12월까지는 절대 커피를 판매하지 않을 것이라는 특약사항을 남기는 조건으로 계약서를 쓰겠다고 제안했다. 음식을 주력으로 하되 당해 12월이 지나면 커피를 함께 파는 것을 용인해줄 것을 조건으로 달았다.

본래 내 계획은 계약을 해놓은 뒤 당해 12월까지는 매장을 비워둔 채로 임대료와 관리비만 납부할 예정이었다. 그러나 사실대로 이야기하면, 계약이 이루어질 것 같지 않아 음식점 및 커피 판매점으로 약정을 달아 장사의 의지를 내비쳤다. 다음 해부터 본격적인 커피 전문점으로 장사하기 위해 미리 4천만 원을 투자하자는 속셈이었다. 비록 4천만 원의 임대료가 소멸되는 리스크를 떠안아야 했지만 12월에 누군가 인수해서 커피 전문점으로 업종 전환을 마친 매장을 인수하기 위해서는 그 몇 배가 되는 권리금을 지불해야 할 것이 분명했기 때문에 망설일 이유는 없었다.

독점 조항을 역이용하라

그러나 일단 계약을 하자 매장을 비워두는 기간이 너무 길다는 생각이 들었다. 계약 후 한 달쯤 지났을 때 임대 팀장에게 다시 커피 전문점을 할 수 있는 방법은 없는지 물었지만 담당 팀장의 반응은 강경했다. 나는 한 발 양보하여 베이커리 전문점은 가능하겠냐고 물었다. 팀장은 고심 끝에 그건 가능하다고 했다.

나는 드디어 기회를 잡았다고 생각했다.

"팀장님, 제가 만일 이 자리에 유명한 베이커리 전문 프랜차이즈 매장을 오픈한다면, 당연히 본사에서는 커피까지 팔라고 할 것입니다. 그 부분은 제가 본사와 어떻게 협의하면 좋겠습니까?"

내가 이렇게 질문하자 임대 팀장도 그 부분까지 강경하게 안 된다고 하기는 난처했는지 커피 전문점 사장님과 협의를 직접 하라고 답변해왔다.

나는 곧 커피 전문점의 독점 조항 항목을 눈으로 확인시켜달라고 요청했다. 계약서상에는 독점 조항이 내 예상대로 '커피'에만 한정되어 기재되어 있었다. '역시나'였다. 나는 커피 전문점 측에 다음과 같은 제안을 전해달라고 했다.

"저는 베이커리 전문점을 오픈하려고 합니다. 베이커리 업장은 커피와 음료도 판매하는 곳입니다. 그런데 귀사의 독점계약 때문에 커피를 판매할 수 없다고 하시니 저희는 커피를 제외한 음료만 팔도록 하겠습니다. 그 대신 귀사에서는 독점계약 내용대로 커피만을 팔 것을 요청드립니다. 저는 커피 이외의 음료를 팔고, 귀사는 커피 판매를 독점하는 것이지요. 이렇게 하면 서로 계약서상 아무런 문제가 없을 것 같습니다. 그렇게 하는 것이 과연 서로에게 좋을지 아니면 귀사나 저희 베이커리 매장이나 모두 커피와 음료를 파는 것이 좋을지 생각해보시고 답변해주기를 부탁드립니다. 저희 베이커리에서도 커피를 판매하는 것을 허락해주신다면 저희도 귀사 측에서 다른 음료를 파는 것을 용인해드리겠습니다."

나는 상대에게 선택권을 준다는 식으로 제안했지만, 사실 해당 매장은 커피 브랜드 프랜차이즈 업장이었으므로 매장의 음료 구성을 마음대로 바꿀 수 없었다. 그리고 아무리 커피가 커피 전문점의 메인 메뉴라고는 하지만 커피 외의 다른 음료를 팔지 않고 영업을 하는 것은 현실적으로 불가능한 일이었다. 내 제안을 전달받은 커피 전문점 사장님은 황당하기 짝이 없었겠지만, 이내 베이커리 전문점에서 커피를 판매하는 것을 허락해줄 수밖에 없었다.

4천만 원의 리스크가
월 4천만 원의 매장으로 돌아오다

이런 우여곡절을 겪은 끝에 오픈한 '세븐스헤븐커피' 직영점 간판에는 7년이 지난 지금도 아주 작게 '베이글 앤 케이크(Bagle & Cake)'라는 문구가 적혀 있다. 매장에서 빵을 직접 반죽하지 않고 냉동 생지

내게 대형 카페 창업과 컨설팅, 운영의 경험을 선사해준 세븐스헤븐커피 간판에는 지금도 '베이글 앤 케이크'라는 글자가 작게 붙어 있다.

를 구워서 판매하지만 빵의 맛은 최상급을 유지하려고 애쓴 덕택에 손님들의 반응이 오픈 시점부터 매우 좋았다.

당시 나는 계약 조건을 충족시키기 위해 커피 프랜차이즈 가맹점은 받을 수가 없었다. 또 단지 내 매장 특성상 가격을 적절하게 조정할 수 있어야 했기에 새로운 브랜드를 직접 론칭할 수밖에 없었다. 그리고 그 결과는 월 매출 4천만 원의 매장으로 돌아왔고 카페 창업 컨설팅을 시작할 수 있게 하는 원동력이 되었으며, 7년 후 내게 700평짜리 대형 카페를 할 수 있는 기회를 만들어주었다. 또한 카페를 하면서 카페 광고에 관심을 갖게 되었고 지금은 카페 매장 광고 분야에서는 손에 꼽히는 광고 회사로 사업을 확장하게 되었다.

3

멀리 있는 이득을 내다보자

장사치가 될 것인가 사업가가 될 것인가

흔히들 장사와 사업은 다르다고 말한다. 무언가를 팔아서 이윤을 내는 것은 둘 다 같지만, 그 방식과 가치관의 차이에 따라 장사치냐 사업가냐로 나뉜다는 것이다. '장사치'가 되고 싶은 사람은 아무도 없을 것이다. 장사치라는 것은 사업의 규모가 크고 작음을 의미하는 것이 아니다. 아무리 큰 사업을 해도 그 방식과 가치관이 옹졸하다면 그 사람은 장사치가 될 가능성이 높다.

필리핀에서 핫도그를 팔기로 결심하다

나는 필리핀 마닐라에 치킨과 핫도그 매장 오픈을 준비하고 있다. 2019년 초에는 필리핀 카비테 지역에 우리 회사가 운영하는 커피 브랜드 카페 '메르블루' 해외 1호점을 야심차게 오픈했다가 건물 사정에 의해 잠시 문을 닫았다("메르블루, 필리핀에 1호점 신규 오픈", 〈일간스포츠〉, 2019. 4. 30. 참조). 아니, 장사를 못 하게 되었다고 표현하는 것이 맞을 것 같다. 그래도 해외에 매장을 하고 싶다는 목표가 사그러들지 않아서 그해 말에 다시 도전하기 위해 필리핀 마닐라로 넘어갔다. 약 6개월에 걸쳐 자리를 알아보고 드디어 괜찮은 매장이 나와서 계약을 체결했다. 그곳은 2020년 2월부터 인테리어에 들어갔고 오픈을 앞두고 있다.

내가 필리핀에 핫도그 매장을 열겠다고 하자 많은 사람이 말렸다. 직접 가서 관리를 해도 운영하기 어려운 것이 요식업 매장인데, 크지는 않지만 2개 층이나 되는 매장을 한국에서 원거리로 원격 관리하는 것이 가능하겠냐며 다들 회의적인 시선을 보냈다. 하지만 모두가 말리는 상황이 내게는 익숙했기에 이제는 별로 놀랍지도 않았다. 절대로 안 될 것 같다고 말하던 사람들이 정작 해내고 나면 처음부터 해낼 줄 알았다고 갑자기 돌변하는 상황을 나는 그간 많이 겪었던 터라 이번에도 이 같은 상황이 벌어질 것이라고 생각했다.

경쟁사를 어떻게 대할 것인가

이번 매장의 오픈을 준비하면서 나는 함께하는 파트너들과 나 스스로를 장사치로 만들지 않는 원칙 두 가지를 새롭게 깨달았다. 일부러 애써서 세운 것은 아니었지만, 이 원칙들은 많은 경험을 하면서 나 자신만의 시각을 바로세우는 과정에서 저절로 얻고 깨달은 것이라 내게는 매우 각별하다.

첫째는 경쟁사에 대한 태도였다. 우리가 론칭하기로 정한 핫도그는 당시까지 필리핀에 보급되지 않은 간식이었다. 필리핀 사람들은 핫도그라고 하면 미국식 핫도그만을 떠올린다. 기다란 빵을 갈라서 그 안에 커다란 소시지를 넣고, 소스를 뿌려먹는 식이다. 우리나라처럼 막대기에 꽂아 튀긴 다음 다양한 소스와 재료를 뿌려도 먹고 찍어서도 먹는, 들고 다니는 핫도그를 실제로 본 적이 없는 사람이 대다수다.

한국식 핫도그는 단가도 저렴하기 때문에 현지인도 즐길 수 있는 정말 좋은 아이템이라고 생각했다. 그런데 계약을 진행하고 준비하다 보니 우리가 매장을 열기로 계약한 건물 근처에 아주 작은 핫도그 가게가 있는 것이 아닌가? 그것도 우리가 생각한 바로 그 한국식 핫도그였다. 당연히 주인도 한국 사람이었는데, 매장 크기는 아주 작았고 생각보다 장사도 잘되었다.

계약을 해서 오픈 준비가 한창일 때 알고 보니 그 매장도 우리와 비슷한 시기에 오픈 준비를 하고 있었다는 사실을 알게 되었다. 우

필리핀 마닐라에 곧 오픈할 K-POP DOG 매장 전경

리 매장이 2층 규모라 공사가 늦었던 반면에 그쪽은 아주 작은 테이크아웃 형태의 매장이었기에 공사를 금방 끝내고 오픈할 수 있었던 것으로 짐작되었다. 우리는 이 핫도그를 프렌차이즈로 만들 계획이었기 때문에 해당 매장이 먼저 오픈한 사실이 매우 언짢았다.

직접 가게를 방문했다. 장사는 그런 대로 잘되고 있었는데 매장에 가보니 한국 연예인 사진을 무단으로 출력해서 붙여놓고 있었다. 아무리 외국이라 해도 그런 행위는 적법하지 않았다. 우리 회사는 연예인들과 정식으로 계약을 맺어 'K-POP DOG' 전문점을 오픈할 계획이었기에 이런 무단 사진 도용이 더욱 눈엣가시처럼 보였다.

파트너인 동생은 지금 준비하고 있는 1호점을 오픈하고 나면, 곧바로 2호점을 이 매장 바로 옆에 내자고 했다. 저 정도 소규모 업체라면 바로 옆에 서너 배 큰 매장을 오픈해서 그날로 문 닫게 할 수 있다고 했다. 후배는 이어서, 연예인들 사진을 무단 도용해 초상권을 침해한 부분도 책임을 묻자고 했다.

눈앞의 이익만
바라보고 나아가지 마라

나는 우선 파트너를 진정시키고 자리에 앉혔다. 나는 파트너의 생각과 달랐다. 나는 그에게 상대방도 타지에서 호기롭게 장사를 시작한 사람이고 더군다나 같은 한국 사람인데 그렇게 모질게 하면 안된다고 말렸다. 사업하는 사람이 그런 식으로 일처리를 하면 언젠가 다 돌아오게 마련이라며, 나는 전혀 그렇게 할 생각이 없음을 밝혔다.

나는 일단 그 가게 사장님 연락처를 확보하라고 했다. 그리고 우리 매장을 오픈하고 약 일주일 후 해당 가게의 사장님과 나의 미팅 자리를 주선해달라고 했다.

내 계획은 단순했다. 그 가게 사장님에게 우리 매장의 가맹점으로 들어오라고 권유하는 것. 단, 가맹짐을 한나 해도 간판 비용과 집기 비용 등은 우리 회사에서 전적으로 지원해주고 우리 회사가 확보한 연예인 초상권도 함께 사용할 수 있게 해주는 조건을 내걸 작정이었다. 지금처럼 무단으로 출력해서 아무렇게나 붙여놓는 사진이 아니라, 제대로 된 한국 연예인의 사진과 사인을 이용할 수 있게 해줄 작정이었다.

내가 이 같은 계획을 말하면서 파트너에게 의사를 묻자 후배는 이렇게 좋은 조건을 내거는데 상대방이 받아들이지 않을 이유가 있겠느냐고 하면서, 그렇게 할 경우 우리에게는 어떤 이득이 돌아오느냐고 물어왔다.

나는 후배에게 만약 저 가게를 우리 가맹점으로 바꿀 경우 마닐라에 코리안 핫도그 브랜드가 몇 개 남는지 물었다. 후배는 "하나입니다"라고 답하더니 그제야 내 의도를 이해하는 듯 고개를 끄덕였다.

전국적인 체인화를 할 때 같은 아이템을 사용하는 경쟁 브랜드의 존재는 그 자체로 상당한 위협이 된다. 당장은 회사에서 간판비, 가맹비 지원 등 이득 없는 장사를 하는 것 같지만 필리핀 최초 그리고 유일한 핫도그 브랜드라는 타이틀을 그 정도 비용에 살 수 있다면 비싼 금액은 아니라고 나는 판단했다.

사람을 배신하지 않는 것이 진정한 이득이다

나는 장사치와 사업가의 차이는 눈앞의 것과 멀리 있는 것을 보는 시야의 차이라고 생각한다. 사업가나 장사치나 결국 본인과 회사의 이득을 위해 달리는 것은 같다. 하지만 장사치는 당장 눈앞의 이득만 좇는다. 그러다 보면 이득을 위해 사람을 배신하기도 하고, 인건비를 밀리거나 오래된 퇴직금을 주기 싫어서 1년이 되기 직전에 직원에게 퇴사를 권고하기도 한다. 이러한 행위가 지금 당장의 이득을 가져오는 것은 사실이다. 그러나 사업을 하려면 이런 근시안적인 태도로는 곤란하다.

사업가는 사람을 배신하지 않아야 한다. 자기 집 생활비는 가져가지 못해도 직원 인건비는 늦는 법이 없어야 한다. 1년 가까이 근속한 직원이 퇴사할 때 퇴직금을 받지 못하게 훼방 놓는 것이 아니라 오히려 받을 수 있게 도와주어야 한다.

이러한 행위는 당장에는 실질적인 손실을 가져오지만 장기적으로 봤을 때 훨씬 큰 이득으로 돌아온다는 사실을 대부분의 사업가라면 잘 알고 있을 것이다. 사업가로 존경받는 사람들이 사람을 공경하고, 직원을 함부로 대하지 않고, 약속을 잘 지키는 등의 이유는 그들이 단순히 좋은 사람이기 때문이 아니다. 그들이 그 같은 행동을 하지 않는 이유는 그러한 행동들이 본인들에게 얼마나 큰 손해를 끼치는지를 정확히 알고 있기 때문이다. 사업가는 냉철하되, 시야를 넓고 밝게 유지해야 한다.

4
고속도로에서는 그대로 직진하라

돌발 상황에 어떻게 대처할까?

내 주변에 오래 그리고 안정적으로 머물러주길 바라는 사람이 운전대를 잡고 지방 출장길에 오를 때 내가 자주 하는 말이 있다.

"고속도로 같은 데서 갑자기 작은 동물이 튀어나오면 멈추지 말고 우선 그대로 직진해야 해."

동물 애호가들에게 비난을 받을 수도 있겠지만 나 역시 동물을 매우 사랑하는 사람 중 한 명이다. 하지만 자동차 전용도로에서 튀어나온 동물을 피하려다 그보다 더 큰 사고를 당하는 경우가 종종 발생하기 때문에 하는 이야기다. 내 말을 듣는 이들은 설마 그런 일이 생기겠냐고 되묻지만, 나는 그래도 명심하고 이 원칙을 새겨들으라고 당부한다. 그렇게 생각하고 상황을 맞닥뜨리면 아무래도 그렇지 않은 사람보다 침착하게 대응할 수 있다.

생각지 못한 돌발 상황이 발생하면 사람은 침착하게 대응하기보다는 본능적으로 행동하게 되고, 때로는 그런 행동이 우리에게 손해를 가져온다. 2019년 4월 13일 대구 범암동에서 도로로 튀어나온 고양이를 보고 놀란 운전자가 급브레이크를 밟는 바람에 5중 추돌 사고가 발생한 일이 있었다. 만약 그 운전자에게 사전에 누군가가 '동물이 갑자기 튀어나오면 당황하지 말고 직진하라'는 말을 한 번이라도 해주었더라면 이 같은 불의의 사고는 막을 수 있지 않았을까?

막을 수 없는
위험까지 막아라

위험은 크게 막을 수 있는 위험과 막을 수 없는 위험 두 종류로 나누어진다. 홍수, 가뭄, 지진 등 인간이 예방할 수 없는 천재지변을 제외한다면 대부분의 위험은 예방하거나 대비함으로써 얼마든지 컨트롤할 수 있다. 철저한 준비나 반복된 시행착오 등을 거치며 막을 수 있는 위험을 최대한 줄여가는 것은 모든 사업의 기본이다. 이를 소홀히 하고 방만한 경영을 하면 반드시 망한다. 이는 너무 당연한 사실이다. 그러면 막을 수 없는 위험이 닥쳐왔을 때는 어떻게 대처해야 할까?

막을 수 없는 위험과 막을 수 있는 위험 두 경우 모두에서 나오는 행동 양상은 거의 비슷하다. 대부분의 사람이 이런 위험이 닥쳐오면 당황하거나, 나 외의 다른 대상의 탓을 하거나 하면서 벌어진 위험에 넋을 놓는다. 하지만 이런 행동은 위험 해결에 아무런 도움이 되지 않는다는 사실을 빠르게 받아들여야 한다. 막을 수 없는 위험에 대처하는, 혹은 이미 벌어져버린 위험에 대처하는 가장 좋은 방법은 우선 받아들이는 것이다. 이미 벌어진 위험은 이제 낙담하거나 원망해도 전혀 개선되지 않는다. 그리고 그 사실을 조금만 냉정하게 생각하면 우리도 충분히 그 사실을 자각할 수 있다.

하지만 대부분의 사람들이 생각해보지 않은 위험이 닥쳤을 때, 마치 자동차 전용도로에서 튀어나온 동물을 보고 당황한 운전자처럼 이성적으로 판단하지 못한 채 핸들을 꺾어버린다. 그리고 이 이성적이지 못한 행동은 막을 수 있던 위험까지 연쇄적으로 발생하게 만드는 경향이 있다. 그렇기 때문에 더 큰 피해가 발생하기 전에 마음을 가다듬고 행동을 개시해야 하는 것이다.

위험에 제대로 대처할 때 주변의 평가가 달라진다

인생길을 따라 걷다 보면 누구에게나 이 막을 수 없는 위험이 나타난다. 이는 당신에게만 발생하는 매우 특이한 일도 아니고 그렇게 특별하게 당황할 만한 일도 아니다. 평소 마음의 준비만 하고 있다면 당황하지 않고 흘려보낼 수 있다. 그로 인해 본인의 실적이 줄어들 수도 있고, 매출이 줄어들 수도 있고, 때로는 신체가 다칠 수도 있다. 하지만 불가항력인 위험이 지나갔을 때 상황을 받아들이고 보다 신속히 다음 대책을 세울 수 있다면 이런 종류의 위험은 대개 생각보다 쉽게 지나간다.

위험에 의연하게 대처하는 모습을 보여주는 것만으로도 주변 사람들의 존경심을 살 수 있다. 누가 봐도 너무 큰 위험인데 당황하지 않고 의연하게 대처할 때 당신을 따르는 사람들 역시도 마음의 안정을 얻는다. 이는 위험으로 인해 패닉 상태에 빠진 조직을 단시간에 정상화시킬 수 있는 유일한 방법이며, 조직원들의 신뢰를 한 번에 살 수 있는 방법이기도 하다. 하나를 잃었으면 다른 하나라도 얻어야 하지 않겠는가?

위험은 누구에게나 온다. 특히 우리가 아무리 노력해도 막을 수 없는 위험이 언젠가는 오게 되어 있다. 아니, 수시로 온다. 그럴 때마다 낙담하고 슬퍼하며 시간을 낭비할 필요는 없다. 이렇게 생각하는 것만으로도 우리 인생의 전용도로에 생각지 못한 들짐승이 달려나왔을 때 개의치 않고 냉철하게 상황을 판단할 수 있음을 명심하라.

5

망하지 않을 매장 위치를 찾아라

요식업은 매장이 좌우한다

부동산의 중요도는 매장에서 직접 손님을 받는 사업인가 그렇지 않은 사업인가에 따라 달라진다. 현대 산업은 대부분 IT 기술과 유통업의 발달로 인해 매장의 위치보다는 사업의 아이템이 사업의 성패를 좌우하지만, 그래도 여전히 매장이 필요한 사업장은 존재한다. 그 대표적인 사업이 바로 요식업일 것이다. 요식업의 사전적 의미는 '접객 시설을 갖추고 음식물을 판매하는 영업'이다. 누군가 '창업했다'라고 하면 대부분의 사람들이 음식점을 떠올릴 만큼 한국 사람들이 가장 많이 도전하는 사업 중 하나가 바로 요식업이다.

그러나 통계청에 따르면 창업 5년차 폐업률 가운데 숙박과 음식점업이 81.1%로 가장 높다. 이는 요식업의 진입 장벽이 낮은 만큼 성공할 확률도 매우 낮음을 말해준다. 게다가 요식업은 매출이 점점 하락해서 마이너스가 나도 문을 닫을 수 없는 특성이 있다. 식재료의 유통기한을 생각하면 임시 휴업은 꿈도 꿀 수 없는 것이다. 적자가 나는 가게를 계속할 수도, 그렇다고 중간에 접을 수도 없는 상황에 처해본 사람들은 두 번 다시 음식 장사는 거들떠보지 않는다.

요식업을 성공시키기 위해서는 가장 먼저 상권을 파악하고 분석하는 일이 최우선되어야 한다. 어느 동네에 있는지, 어느 위치에 있는지에 따라 유동 인구가 다르고 찾아오는 손님의 수가 달라지는 탓이다.

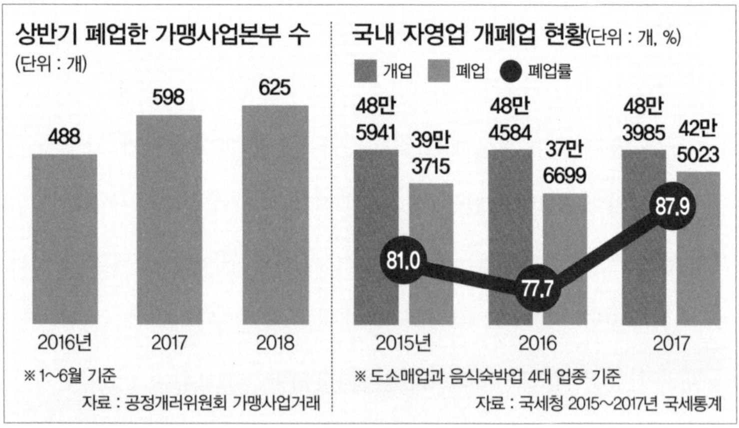

"자영업 10곳 문 열면 8.8곳 망했다", 〈한국경제〉(2018. 7. 20.)

부동산을 보는 눈을 키워라

내가 비교적 많은 매장을 오픈하면서도 망하지 않을 수 있었던 이유 그리고 많은 매장 컨설팅을 하면서 높은 성공률을 기록했던 이유 중 하나는 부동산을 보는 눈이 정확하기 때문이다. 접객을 하는 요식업에서 가장 중요한 요소인 부동산만 제대로 볼 줄 알아도 반은 성공이다.

나는 스무 살 때 공인중개사 자격증을 취득하면서 부동산 중개업을 시작했다. 그러면서 점포 컨설팅을 주력으로 했기에 비교적 상권 분석에서 많은 경험을 가지고 있다. 매장이 거래되어야 중개를 통해 돈을 버는 일을 하다 보니 어떤 매장이 오래 살아남고 어떤 매장이 빨리 문을 닫을지 연구하는 일이 버릇처럼 몸에 익었다. 그런 통찰력을 기르다 보니 경영이 어려운 매장과 탄탄한 매장을 구분할 수 있었고, 주변 매장을 다니면서도 왜 이 매장이 잘되고 안 되는지 이유를 나름대로 찾아 분석하려고 했다. 내가 정리한 요식업 매장의 특성과 매장을 얻을 때 주의할 점은 이렇다.

첫째, 임대료의 적정성을 확인해야 한다. 모든 매장의 임대료는 다 다르다. 이는 당연한 사실이다. 하지만 초보 창업자들은 이런 사실을 망각한 채 부동산 중개업소에서 저렴한 편이라고 하면 그대로 믿는 경향이 있다.

분명히 알아야 할 것은 본인이 얻으려는 매장을 중개하는 부동산에서 “이 매장 임대료는 주변 매장에 비해 아주 높은 편입니다”라고 이야기하는 경우는 없다는 사실이다. 초보자들은 이런 정보를 어떻게 확인해야 하는지 막막해하는 경우가 있는데 자기가 찾는 매장과 비슷한 조건의 주변 매장 임대료를 확인해보는 일은 어렵지 않다.

우선 인터넷에 자신이 얻으려고 하는 매장의 상권 혹은 동까지 입력해서 검색을 해본다. 그리고 비슷한 평수를 가진 매물의 임대료와 보증금을 엑셀로 쭉 정리해본다. 그래도 자료가 부족하면 주변 부동산을 돌면서 나와 있는 다른 매장의 임대료를 확인하면 더욱 정확하다. 요즈음엔 인터넷 자료가 잘되어 있어서 조금만 관심을 기울이면 금방 파악할 수 있다. 장사를 하던 사람이 매장을 내놓는 이유는 대부분의 경우 경영이 어렵기 때문이다. 그리고 그 어려운 이유 중 하나가 주변에 비해 비싼 임대료인 경우가 꽤나 있다는 사실을 간과해서는 안 된다.

둘째, 권리금을 써야 할 업종에는 아끼지 말아야 한다. 우리가 매장을 얻을 때 임대인에게 납부하는 보증금은 매장을 양도할 때 다시 돌려받을 수 있는 금액이니 대부분의 사람이 크게 아까워하지 않는다. 하지만 반환 조건을 전제로 납부하는 금액이 아닌 권리금에 대해서는 많은 창업 초보자들이 두려움을 가지고 있다. 물론 근거 없는, 혹은 너무 비싼 권리금은 위의 적정 임대료를 확인하는 방법과 비슷한 프로세스를 통해서 피해야 한다. 하지만 많은 경우 누구나 인정할 수준의 권리금은 보증금만큼이나 안정성이 보장된다.

특히나 업종의 특성에 따라 반드시 좋은 자리를 선점해야만 매출이 극대화되는 경우가 있다. 이러한 업종을 영위하는 경우 권리금이 낮은 자리를 찾기보다는 권리금이 들더라도 목이 좋은 자리를 찾는 것을 우선으로 해야 한다.

셋째, 상권을 정확히 분석해야 한다. 요식업의 가장 무서운 입지 요인은 바로 동종 업종의 분포다. 자신이 창업하려는 위치에 같은 업종의 요식업이 얼마나 있는지 파악하고, 자신의 아이템으로 이들과 싸워서 이길 수 있다는 확신이 들기 전에는 함부로 위치를 확정하면 안 된다.

주변 상권 분석은 1차적으로 도보와 차량을 통해 주변을 둘러보면서 체크하는 방법이 있고, 2차적으로 웹사이트를 이용하는 방법이 있다. 1차적인 방법은 자신이 창업을 준비하고 있다면 당연히 선행해야 할 선결 조건이다. 이조차 실행하기 번거롭다는 생각이 든다면 일찌감치 요식업을 접는 게 좋다.

그리고 2차적인 방법을 실행할 때는 '소상공인 상권정보시스템'을 이용할 것을 권장한다. 상권 분석 메뉴에서 반경 500미터로 선택하고 창업하고자 하는 업종을 선택하면 그 일대 전체적인 요식업 수, 그중 서비스업 수 그리고 선택한 업종의 수가 숫자로 표시되고, 선택한 업종의 총매출도 확인할 수 있다.

그것 말고도 선택한 반경의 거주 인구 및 유동 인구가 표시되고 상권의 성장성, 안정성 등 전체적인 상권에 대한 분석도 표시되기 때문에 어느 정도 기본적인 상권 데이터를 가지고 창업 여부를 결정할 수 있다.

이전에는 부동산 정보가 매우 배타적이었기 때문에 일반인이 접하기 어려웠지만 요즘에는 조금만 노력하면 기본적인 정보는 물론 상당히 전문성 있는 데이터들까지 손쉽게 접할 수 있으므로 이 정도 분석도 없이 창업을 하는 것은 창업에 대한 직무 유기다. 접객을 위한 요식업을 하기 위해서는 반드시 부동산 정보를 확보해야 한다.

한 발짝이 가져온 커다란 차이

시장은 냉혹하고 소비자는 더 냉정하다. 내가 상권 분석을 하면서 깨달은 한 가지는 아주 사소한 차이도 영업의 차이를 가져온다는 것이다. 내가 다니던 수도권 도심에 몇십 년 된 유명한 만두가게가 있었다. 대대로 장사를 해온 곳이라 단골도 많았고 맛집으로 소문도 나서 손님들이 많이 찾았다. 만두가게를 물려받은 아들 내외는 오래된 건물을 벗어나 바로 길 건너 새 건물로 가게를 옮겼다. 그런데 가게를 옮기고 나서부터 손님들 발길이 뜸해지기 시작했다. 맛도 변함이 없었고 상호도 그대로였을 뿐 변한 것이라고는 번화가의 길 건너라는 점뿐이었다.

나는 옮긴 만두가게를 가보고 나서야 차이점을 알 수 있었다. 옮긴 곳은 건물도 새 것이고 가게 자리도 널찍했지만, 가게가 들어선 건물이 행인들이 다니는 보도에서 약 한 발자국 안쪽으로 들어가 있었던 것이다. 이 사소한 차이가 행인들의 발길을 이전보다 적게 끌어들였고, 가게는 한동안 매출 부진으로 고전해야 했다.

고객은 보기보다 매우 예민하게 반응한다. 매장을 시작한다면 위치를 보고 또 보고, 점검하고 또 점검해야 한다. 그리고 한번 시작했다면, 영혼을 털어 넣어 장사에서 승부를 볼 다짐을 하자.

6

선수 쳐서 내보내라

능력 있는 직원은 오래 머물지 않는다

사업을 하다 보면, 특히 영업 조직을 운영하다 보면 직원은 크게 세 가지 유형으로 분류된다. 첫 번째, 굉장히 성실하지만 능력이 떨어지는 직원. 두 번째, 능력은 출중하나 성실하고는 담을 쌓은 직원. 그리고 마지막으로 능력도 출중하고 성실하기도 하며 인성도 빼어난 직원이다.

첫 번째 유형은 아침에 지각도 한번 안 하고 남들보다 먼저 와서 청소도 제일 열심히 한다. 하지만 영업 능력은 상대적으로 많이 떨어진다.

두 번째 유형은 영업 능력이 굉장히 좋다. 고객과 미팅만 했다 하면 무슨 말을 어떻게 하는지 궁금할 정도로 계약률이 높다. 성과도 회사 내에서 항상 상위권에 든다. 하지만 근태가 엉망인 경우가 많고 직원들과의 친화력도 상당히 떨어지는 친구들이 많다.

세 번째 유형은 영업 능력도 좋고 성실하며 인성도 훌륭한 친구들이다. 영업 능력도 두 번째 유형 못지않게 뛰어나고, 성실하기는 첫 번째 유형의 친구들만큼이나 성실하다. 단연 회사에서도 머지않아 독보적인 존재가 되고 임직원의 사랑을 듬뿍 받게 된다.

그런데 이러한 친구들에게는 매우 극복하기 힘든 단점이 하나 있다. 바로 회사에 오래 근무하지 않는다는 점이다.

영업 조직이 빠지는 흔한 딜레마

이유는 간단하다. 남의 밑에서 일하기에는 너무 '잘나고 똑똑한' 인재들이기 때문이다. 이들은 독립을 꿈꾸며, 또 독립해서도 거의 빠른 시일 안에 안정 궤도에 오른다.

영업 조직을 경영하는 경영자는 항상 위의 세 가지 유형에 갇혀 딜레마에 빠져 있다. 일을 잘하는 사람은 근태가 안 좋아서 안절부절못하게 하고, 성실한 친구는 아무리 가르쳐도 능률이 오르지 않아서 안타깝고, 둘 다 잘하는 사람이 와서 조금이나마 위안이 되었는데 이 친구는 금방 독립을 하겠다고 찾아온다.

사람을 가르쳐서 일 좀 한다 싶으면 독립해서 나가거나 그만두고 다른 일을 찾으러 떠나거나 하면서 점점 경영자는 지치게 된다. 또한 영업 조직에는 위에서 이야기한 세 번째 유형의 리더십 있는 인재들이, 떠날 때 혼자 떠나지 않고 팀을 통째로 데리고 나가는 경우가 종종 있다.

일종의 배신 행위라 할 수 있는데, 이런 상황에 맞닥뜨린 경영자들은 배신감에 치를 떨지만 현실적으로 어찌할 도리가 없다.

떠날 사람은
쿨하게 떠나보내라

나는 식품 관련 법인, 신차 장기렌트 영업 법인, 보험 영업 법인, 광고 전문 법인, 피트니스 및 분양대행업과 대형 카페 등 여러 사업체를 운영하며 200여 명의 직원을 두고 있다.

다양한 업종에서 많은 인력을 영업 조직으로 두고 있으면서도 단 한 차례의 다수 이탈 행위가 없었기 때문에 이런 일을 막으려면 어떻게 해야 하는지 내게 자문을 구하러 오는 동종업계 대표들을 종종 만난다.

그들과 대화를 나눠 보면 그들의 회사에는 항상 위의 세 가지 유형의 직원이 있다. 세 번째 유형의 직원이 독립을 하겠다고 찾아오면 어떻게 대처하는지 대표들에게 물어보면 그들의 대답은 한결같이 "잡는다"이다. 대표들이 말하는 방법과 이유는 다양하지만 끝까지 들어보면 결론은 "어떻게든 잡는다"로 수렴된다. 이전보다 더 좋은 조건을 제공하든, 외압을 넣든, 인간적인 정에 호소하든 어떤 식으로든 잡으려고 노력할 뿐이다.

하지만 나는 이들 입에서 독립하겠다는 말이 나오기 전에 먼저 독립시킨다. 일종의 '선수를 치는 셈'인데, 이것이 오히려 내가 지금까지 이탈률이 높은 영업 조직 위주로 구성된 회사를 경영하면서 단 한 번도 얼굴 붉히며 독립시킨 직원이 없을 수 있었던 비결이다.

나는 항상 직원들을 볼 때 세 번째 유형의 직원들을 눈여겨본다. 이런 친구들 중 일부는 회사에 대한 애사심이 높아져서 임원으로 남아줄 때가 있다. 이들이 회사를 실질적으로 이끌어간다고 해도 과언이 아니다.

하지만 대부분의 세 번째 유형의 직원들은 독립할 시기만을 마음에 품고 있다. 내가 그들의 마음을 충분히 이해할 수 있는 이유는 나 역시 다른 회사에서 일을 배울 때 단 한 번도 회사에 눌러앉을 생각으로 일한 적이 없기 때문이다. 이미 이들의 그릇이 회사가 담을 수 없는 크기가 되었다면 넘치기 전에 일찌감치 덜어주는 것이 보다 유리하다.

그들은 배신자가 아니다

이러한 경영 방침 때문에 가끔 부서장들하고 충돌할 때가 있다. 아무래도 해당 임원이 애지중지 키워낸 팀장이 독립을 하겠다고 이야기를 꺼내면 막기도 바쁜데 회사 대표라는 사람이 저 친구 이제 독립할 때 된 것 같으니까 먼저 이야기를 나눠보라고 하니 기가 찰 노릇이다.

물론 잡아서 잡을 수 있는 시기 같으면 서로 조금이라도 더 일을 할 수 있게 잡아주는 것도 필요하다. 하지만 이미 생각이 굳어서 절대 잡히지 않을 상황에서도 계속해서 근무해주기를 강경하게 요구한다면 팀장은 회사를 등질 수밖에 없다.

나가는 순간 이미 회사가 나에게 등을 돌리겠구나 생각한 팀장은 자기 방어 차원에서 먼저 회사에 등질 준비를 한다. 그리고 그러다 보면 같이 근무하던 동료들까지 데리고 나가게 마련이고, 나가서도 근무했던 회사를 욕하게 마련이다.

우리 회사는 독립할 때가 되면 독립할 의사가 있는지 편하게 털어놓을 수 있게 하고 필요하면 독립할 때 함께할 인력들을 미리 뽑아서 회사에서 같이 근무하며 교육시키고 함께 나갈 수 있도록 해준다. 이렇게 해줌으로써 독립하는 팀장은 초반에 겪어야 할 인력 교육에 대한 리스크를 줄이고 안정적으로 출발할 수 있기 때문에 회사에 고마운 마음을 안고 떠나게 된다. 그리고 독립 이후에는 업계에 자신이 퇴직한 회사 이야기를 좋게 퍼트려주기 때문에 회사의 이미지가 상승한다.

더 좋은 것은 이렇게까지 배려해주면 구태여 기존에 있던 회사의 직원들을 빼가는 경우가 없어진다는 점이다. 우리 회사에서 함께 근무하던 부부 사원이 있었는데 남편이 독립할 때 이러한 처우 때문에 회사에 도의를 지키겠다며 와이프를 그대로 회사에 두고 독립하는 경우도 있었다. 아무리 잡아도 떠나갈 것을 안다면 차라리 멋있게 독립이라도 시켜주자. 물론 그 속은 상당히 쓰리지만 그런 아픔을 견뎌내는 것이 상급자가 겪어야 할 몫이다.

7

'부정' 전염병자는 과감히 도려내라

양보할 수 없는 가지치기가 필요하다

우리 회사에는 양보할 수 없는 법칙이 하나 있다. 바로 부정적인 직원은 가차 없이 퇴사를 권하는 법칙이다. 유일하게 퇴사를 권하는 유형이 바로 '부정적인 언사와 행동을 하는' 직원이다. 매사에 부정적인 생각부터 하는 직원은 조직을 어려움에 빠뜨리고 조직원을 서로 힘들게 한다. 나는 부정적인 생각이야말로 전염병과 비슷한 점이 많다고 생각한다. 그래서 나는 이를 '부정' 전염병이라고 부른다. 이런 직원이 눈에 띄면 우선 그의 부정적인 생각이 바이러스처럼 주변 사람들에게 퍼지지 않도록 하기 위해 철저한 격리가 필요하다.

그러고 나서 최선을 다해 치료를 시도해본다. 그래도 도저히 병세가 나아지지 않을 때는 무리에서 완전히 격리시키는 것이 다른 무리들을 위한 최선의 방법이다. 오랜 기간 머릿속에 굳어온 부정적인 생각은 본인 스스로 나는 부정적인 사람이구나, 라는 점을 깨닫지 않는 이상 치료하기가 쉽지 않기 때문이다.

이 병의 위험성은 내가 붙인 이름에서 알 수 있듯 확산 속도가 굉장히 빠르다는 데 있다. 그래서 제때 관리자가 조치하지 못하면 막을 수 없는 지경에 이르게 된다. 그렇기에 아무리 능력이 뛰어나고 회사에 이익을 가져다주는 직원일지라도, 나는 부정 전염병을 확산시키는 직원은 가차 없이 조직에서 탈퇴시킨다.

중간 그룹은 회사의 기둥이다

회사 조직 구성원들을 상위 그룹, 중위 그룹, 하위 그룹으로 나누어 보면 대개 중위 그룹의 인원이 가장 많음을 알 수 있다. 이들은 업무 성과가 엄청 높지는 않아도, 잘못을 저지르거나 회사에 피해를 주지 않고 묵묵히 회사에 도움을 주고 있는 가장 필요한 그룹이다.

회사의 수익은 상위 그룹에 있는 소수 인원이 내고 있겠지만 사실 이 상위 그룹이 선두를 달릴 수 있게 서포트해주는 것이 바로 이 중간 그룹이다. 또한 회사에서 내려온 정책 사항들에 대해 상위 그룹에 비해 비교적 잘 순응해주는 편이라 조직력을 갖출 때에도 보다 유리한 점이 있다. 겉보기엔 상위 그룹이 높은 매출을 내기 때문에 그들이 주역처럼 보이지만 실제로 회사의 기둥은 바로 이 중간 그룹이다. 하지만 이 중간 그룹은 부정적인 분위기에 빨리 전염된다는 취약점을 가지고 있다. 부정적인 사람이 무서운 이유는 바로 이 중간층의 생각을 동요시켜버린다는 것이다.

예를 들어 회사의 출퇴근 시간은 면접 시 정해진다. 그렇기 때문에 이에 대해서는, 이후에 출퇴근 시간이 변경되는 경우가 아니고서야 불만이 없어야 한다. 입사를 결정했다는 것은 출퇴근 시간을 지키겠다는 무언의 약속이기 때문이다. 만약 출퇴근 시간이 불합리하다면 입사 후 이 문제를 공론화시켜 합리적인 방안이 도출되도록 하는 방법도 있다. 하지만 부정적인 사람은 이렇게 상황을 개선하려고 하기보다는 그저 주변 동료들에게 출근 시간이 너무 빠르다거나 퇴근 시간이 너무 늦다는 등의 불만만을 제기하며, 평소 불만 없이 만족하고 있던 동료들까지 물들이게 된다. 이들은 공감대를 형성하기 위해 상급자보다는 직원들끼리 있을 때 이런 불만을 반복해서 이야기하고 관리자는 이 같은 사실을 전혀 모르기 때문에, 조직의 분위기는 개선이 되지 않은 채로 이런 상태가 지속되게 된다.

의미 없는 말이
멀리 간다

더욱 큰 문제는 이들이 이렇게 조직이나 회사에 대해 부정적인 발언을 지속하며 상대에게 동의를 구한다는 것이다. 동료 사원들이 이 사람에게 쓴소리를 하지 않는 이상 형식적으로라도 동의를 하게 되어 있고, 이런 식으로 회사에 대한 부정적 인식이 싹을 틔우게 된다. 바이러스처럼 퍼진다는 의미가 바로 여기에 있다. 입에서 나오는 의미 없는 말들이 생각보다 많은 이들에게 영향을 끼치는 것이다. 무심코 동의했던 내용들은 어느 순간 자기 스스로의 생각으로 바뀌게 된다. 상위 그룹의 사람들은 비교적 이런 전염에 저항력이 있다. 하지만 중간 그룹의 사람들은 백지와 같아서 쉽사리 전염이 된다는데 문제가 있다. 회사에 대해 깊은 충성도도 없고 그렇다고 별다른 불만도 없었던 사람들이, 순식간에 만족스러웠던 회사를 직원들에게 비합리적인 회사로 생각하게 만드는 것이다.

다시 한 번 강조하지만, 조직과 회사를 실질적으로 버티게 하는 기둥은 바로 이 중간 그룹이다. 이 그룹이 부정적인 생각에 깊게 전염된다면 조직은 순식간에 재기 불능의 상태가 될 수 있다. 이렇게 되면 조직의 일부가 아니라 전부를 도려내야 하는 수가 있다. 그래서 관리자는 항상 이러한 부정 전염병을 가진 사람을 관찰하는 버릇을 들여야 한다. 부정 전염병 보균자가 보이면 신속하게 조직과 격리해서 치료를 시도하고, 그래도 되지 않는다면, 마음이 아프지만 조직을 위해 도려내는 것이 조직 전체가 사는 길이다.

2장

꾸준한 노력

계속할 것인가 멈출 것인가

8
몸이 자동으로 기억하게 하라

기본기에 충실하라

사람이 한 운동 동작을 완전히 몸에 익히기 위해서는 평균적으로 1만 번의 반복이 필요하다고 한다. 그만큼 반복을 해야만 머리로 자세를 생각하면서 하지 않아도 자연스럽게 그 자세가 나온다는 것이다. 이러한 원리는 특히 운동선수들에게 많이 나타난다. 내가 격투기 선수 생활을 할 때도 그랬다. 시합 전에는 다양한 콤비네이션을 연습한다. 영화 속 주인공 같은 콤비네이션으로 상대를 KO시키겠다는 마음으로 시합장에 가지만, 막상 링에 올라가서 라운드가 반복되고 체력이 고갈될 즈음이면 콤비네이션은 온데간데없고, 처음 체육관에 와서 가장 많이 연습한 원투 스트레이트 동작만 반복된다. 사람의 체력이 한계에 다다르거나 생각할 경황마저 없어지는 상황에 부딪칠 때 비로소 '연습'의 성과가 나오는 것이다.

얼마나 반복 훈련을 많이 했는지에 따라 긴급한 상황, 한계의 상황에 닥쳤을 때 나오는 행동이 달라진다. 운동선수들이 무의미해 보이는 기본기 연습을 그토록 묵묵히 수행하는 이유가 바로 여기에 있다. 이러한 기본 원리는 비즈니스에서든 인간관계에서든 동일하게 작용된다. 처음에는 이 직업이 나에게 맞지 않는 것 같지만 반복하다 보면 어느 새 이 직업이 내 천성 되어 있는 경우가 많다.

연설하는
연습 벌레

반복은 비즈니스에서도 마찬가지로 중요하다. 나는 대중 앞에서 말을 잘한다. 사석에서 사람들과 대화를 하거나 작은 설명회를 하는 것보다 여러 사람을 앞에 두고 연단에 서서 마이크를 잡고 이야기하는 것이 훨씬 더 편안하다. 아니, 훨씬 더 편하지는 않을지 몰라도 내가 전달하고자 하는 메시지는 확실히 연단에서 말하는 편이 훨씬 큰 설득력을 발휘한다.

사람들은 나의 이런 면을 장점이라고 말하며 많이들 부럽다고 한다. 어떻게 대중 앞에서 떨지 않고 말을 잘하는지 비결을 묻기도 하고 어떻게 하면 대중 강연을 편안하게 잘할 수 있는지 방법을 물어오기도 한다. 그때마다 내 대답은 매우 간단하다.

"연습하면 됩니다."

어떻게 연습하는지 모르겠다고 묻는 이들에게는 학원을 다니라고 권한다. 요즘은 수도권은 물론이고 지방에도 스피치 학원이 많이 생겨, 스피치를 배우는 일이 예전만큼 어렵지 않다. 나는 강연을 잘하고 싶어서 대학교 때부터 모든 과제 발표를 도맡아서 했다. 그리고 발표 장면을 동영상으로 촬영해서 말을 할 때 시선 처리는 어색하지 않은지, 손동작이 너무 과장되거나 소극적이지 않은지, 강조하고 싶은 부분에서 말의 액센트가 정확하게 표현되었는지 등을 살피며 부족한 부분을 보완해왔다. 다음 발표 기회가 있을 때는 이러한 보완점을 중점으로 연습에 연습을 거듭해 좀 더 나은 발표를 할 수 있도록 스스로를 독려했다.

중요한 강연을 앞두고는 대충 글자를 읽으며 연습하는 것이 아니라 앞에 청중이 있다는 생각으로 거울 앞에 서서 연습을 한다. 그래도 여전히 고쳐지지 않는 시선 처리 습관이 하나 있는데, 요즘은 이 습관을 고치려고 무진 애를 쓰는 중이다. 또한 워낙 재미있는 사람이 아니라서 강연이 너무 진지하기만 한 단점이 있는데, 이 부분을 보완하려고 스피치 교습을 받으러 다니기도 했다. 하지만 강사분도 나처럼 재미가 없는 분이어서 진지함만 두 배가 되었다.

수화기 너머로 말문이 막힐 때

대중 연설뿐 아니라 비즈니스 대화에서도 연습은 필수다. 또 자신을 최적화시키기 위해서는 먼저 자신의 단점을 파악할 줄 알아야 한다. 나는 인생과 '캐릭터 육성 게임'이 매우 비슷하다고 생각한다. 캐릭터 대신 본인 자신을 키워야 한다는 점과, 그 일이 게임처럼 쉽지 않다는 점만 다를 뿐 과정은 동일하다고 생각한다. 처음에 못히던 기술을 반복 연습을 통해 행할 수 있는 것처럼 단점은 반복 훈련을 통해 극복되기 마련이다.

나는 대면 영업은 자신이 있는 반면 전화로 영업하는 티엠 영업은 영 적성에 맞지 않았다. 얼굴을 보고 대화하면 상대를 설득할 때 음성뿐 아니라 표정, 몸짓, 눈빛 등 복합적인 요소로 호소할 수 있고 상대의 표정을 읽어감에 따라 빠르게 의중을 파악해서 대화의 방향을 맞춰갈 수 있지만 수화기 너머로 대화하는 상대와는 오로지 음성으로만 대화하다 보니 대면하는 대화보다 설득력이 떨어져 힘들었다.

또 처음에는 내 통화를 누가 옆에서 듣는 것이 너무 어색하고 또 창피했다. 평소 말을 잘하는 사람이라 자부했는데 수화기 너머로 상대가 땍땍거리기 시작하면 당황해서 말이 꼬이고 초보자처럼 답변하게 되니 스스로에게 너무 자존심이 상했다. 그리고 그런 내 말을 옆에서 동료들이 들으면 나를 우습게 여기지 않을까 하는 생각에 목소리가 점점 작아지고 말도 더욱 더듬거리게 되었다.

지하철 안에서 하는 '나홀로' 통화

이런 유선 통화 영업이 잘 안 된다는 단점을 극복하고 싶었다. 그래서 고안한 것이 지하철 그리고 사람이 많은 장소에서 통화하는 연습이었다. 나라는 사람이 지금 무엇을 가장 힘들어하는지 분석해보니, 적막한 사무실에서 통화하다 당황해 말문이 막혔을 때 옆에 있는 동료들이 그런 내 목소리를 듣는다는 사실이었다. 그래서 혼자 차에 가서 통화를 한 적도 많았다.

이런 단점을 극복하기 위해 어느 날 무작정 지하철에 올라탔다. 그리고 전화를 무음으로 돌려놓고 통화하는 척을 했다. 가상의 고객과 통화하는 연습을 한 것이다. 가상의 고객은 내가 원하는 대로 대답했기 때문에 나는 당황할 이유가 없었다. 그리고 옆에 있는 지하철 승객들은 내가 아는 사람이 아니기 때문에 내가 버벅대더라도 나를 신경 쓰지 않았고, 나 역시도 창피하지 않았다.

처음 며칠은 어색해서 입이 잘 떨어지지 않았다. 그러나 3~4일째가 되자 큰 소리로 통화하는 척을 할 수 있었다. 일주일 정도 반복하니 이제는 익숙해져서 옆에 앉은 승객들이 조금도 의식되지 않았고, 가상의 고객과의 대화도 보다 원활하게 할 수 있었다. 고객들이 물어보는 질문은 사실 고객 입장에서는 처음 하는 질문이겠지만, 우리들은 거의 비슷하게 반복해서 듣는 질문들이다. 그러다 보니 연습을 하면 할수록 실제 고객을 응대할 때 충분히 대비할 수 있게 되었다.

연습이 최고의 비법이다

지하철 안에서 통화의 두려움(?)을 극복하고 나자, 고객과의 통화가 이전과는 비교할 수 없을 만큼 쉽고 편안해졌다. 일주일간 연습을 하고 사무실에서 다시 전화 영업을 시작했을 때, 나는 이전과는 다른 내가 되어 있었다. 더 이상 옆 사람이 신경 쓰이지 않았고, 주변에 누가 있든 말든 상관하지 않게 되었다. 적막한 사무실에 내 목소리만 쩌렁쩌렁 울려 퍼지는 날에도 조금도 주눅 들지 않았고, 창피하지 않았다. 가끔씩 무례한 고객이 얼토당토않은 시비를 걸어와도 자연스럽게 통화를 이어갈 수 있게 되었다. 이전보다 버벅대는 일 자체가 줄었음은 당연했다.

그 뒤로 많은 시간이 흘러 지금은 내가 직접 전화 영업을 해야 하는 경우는 없어졌지만, 가끔씩 직원들에게 어떻게 하면 고객 응대를 자신 있게 할 수 있는지 내 경험담을 들려주며 직접 시범을 보이기도 한다. 반복된 행동은 각인된다. 그리고 연습을 이길 묘안은 없다.

9

최선을 다한 습관을 믿어라

무엇을 하느냐보다 중요한 것은 최선을 다하는 것이다

최선을 다해야 보다 좋은 결실을 얻을 수 있다는 사실은 입 아프게 이야기하지 않아도 대부분 알고 있다. 그렇다면 과연 얼마만큼 하는 것이 최선을 다하는 것일까? 그 기준은 어디일까? 운동선수들은 반복 훈련을 통해 신체의 한계에 다다랐을 때 나오는 행동력이 정해진다. 격투기 선수의 경우 너무 지쳐서 아무 생각이 없을 때 무수하게 연습했던 훅이 본인도 모르게 나오게 되고, 턱을 맞아서 정신이 없어도 발차기가 나가게 되는 원리가 그렇다.

나는 무엇을 하느냐보다는 무엇이든 최선을 다해보는 것이 중요하다고 말한다. 그것이 공부든 운동이든 놀이든 오락이든 종류는 중요하지 않다. 어느 한 분야에서 정점을 찍을 만큼 반복 훈련에 익숙해지는 것이 중요하다.

최초의 최선
그리고 최초의 좌절

내 인생에서 최초로 최선을 다했던 기억은 격투기 선수로 승승장구하던 시절 챔피언 결정전을 준비하다가 연골 파열로 격투기 선수로서의 꿈이 좌절되었을 때 시작되었다.

고3 시절, 인생의 진로를 결정하는 시기에 나는 6개월간 체대 입시와 음대 입시를 병행하다 음악보다는 체육이 먹고살기 좋을 것 같다는 생각에 체대로 진로를 정하고 운동에 매진했다. 당시는 K-1이라는 국제대회가 성행하고 있었는데 이 대회에서 우승하면 많은 부와 명예가 따랐던 시절이었다.

체대로 진로를 잡고 운동을 하면서 격투기 선수를 계속했고, 체대에 입학하고부터는 청와대 경호실 입사를 목표로 진로를 잡아갔다. 청와대 경호실에 들어가려면 특수부대를 나와야 한다는 선배들의 조언에 따라 그에 따른 체력 검정 준비도 열심히 병행했다.

그러던 중 챔피언 결정전을 준비하면서 무릎에 심한 부상을 입고 말았다. 부상은 생각보다 심각했고 무릎 연골의 90%를 제거하는 반월상 연골절제술을 받았다. 재활 과정에서 나는 일상생활에는 지장이 없지만 더 이상의 선수생활과 특수부대 입대는 불가능함을 깨달게 되었다. 오래도록 쌓아왔던 진로 계획이 한 번에 무너져 내리는 순간이었다.

"사흘째가 되자 이대로 있을 수는 없었다"

며칠간은 눈앞이 캄캄했다. 다른 일을 하기에는 이미 할 줄 아는 게 이것뿐이었다. 시시한 인생을 살고 싶지 않았는데…… 이제 와서 그만두었던 음악을 하기에는 드럼 스틱을 놓은 지 너무 오래되었고, 공부를 하기에는 정말 배운 것이 없었다. 처음으로 학창 시절에 공부를 할 걸 하는 후회를 했다. 이틀 동안 방에 틀어박혀 불을 전부 끈 채 나오지 않았다. 지금까지도 내 인생에서 그때만큼 많은 눈물을 흘렸던 적은 없다.

사흘째가 되자 이대로 계속 좌절만 하고 있을 수는 없다는 생각이 들었다. 무작정 인터넷을 켜고 돈을 벌 수 있는 일이 무엇인지 찾기 시작했다. 판사, 검사, 의사, 회계사 등이 눈에 들어왔지만 현실적으로 당장 노력해도 이 정도는 어렵다고 생각했고, 우리 집도 내게 이 정도 시간을 투자해주기는 힘들다고 생각했다. 직업의 종류와 회사의 종류에 대해 계속해서 정보를 습득했고 기본급을 받는 직장은 안정적이지만 성과가 약하고 영업 수당을 받는 직종은 일은 조금 고될 수 있지만 성과에 따라 좀 더 많은 수입을 가져갈 수 있다는 사실을 알게 되었다.

이러한 사실이 확인되자 나는 무조건 영업을 해야겠다고 마음먹었다. 남은 것은 어떤 영업을 할 것인지였다. 나는 '큰 물건'을 하기로 마음먹고 부동산업을 선택했다.

믿을 것이라곤
최선을 다하는 습관뿐

마음먹은 그날 당장 집 밖을 나와 동네 부동산을 돌아다녔다. 그러나 사회생활 경험이 전무한 갓 스무 살짜리를 받아주는 곳은 없었다. 열 군데 이상의 부동산 업소를 찾아가 면접을 보고 나서야 한 곳에 취직할 수 있었다.

어렵게 취직한 탓에 남들보다 더욱 열심히 일했다. 최선을 다해 연습하고 반복하는 습관은 이곳에서 빛을 발했다. 누구보다 먼저 출근했고 늘 자정까지 사무실에 남아 있었다. 휴일은 나에게 사치라고 생각했다.

그랬더니 어린 나이에 적지 않은 수입을 가져갈 수 있었다. 계속 이 일을 하려면 '공인중개사' 자격증이 필요했다. 나는 이 자격증을 위해 평생 하지 않던 공부를 하게 되었다. 책상에 한 시간 이상 앉아서 공부한 적이 거의 없다 보니 처음에는 매우 힘들었다.

시험을 목전에 둔 3개월 전에는 부동산을 잠시 휴직한 뒤 핸드폰도 끊고 집에 있던 컴퓨터도 가져다버렸다. 워낙 공부하는 습관이 몸에 배어 있지 않다 보니 이렇게라도 하지 않으면 떨어질 것이 분명했다. 내가 믿을 것이라곤 오로지 최선을 다하는 습관뿐이었다. 노력의 결과는 나를 배신하지 않았다. 나는 제16회 공인중개사 시험에서 최연소 합격자라는 명예를 얻었다.

그 뒤로 나는 공인중개사로서 공부를 게을리 하지 않았고, 그때부터 차곡차곡 쌓은 지식은 지금 운영하는 모든 법인회사 및 사업체들의 기반이 되어주었다.

새벽을 여는 사람들은 다르다

내가 개인적으로 가깝게 지내는 기업은행 지점장님은 어떤 사람이 성공하는지 궁금하면 한겨울 새벽 실외 골프연습장에 가보라고 이야기한다. 한겨울에 손이 꽁꽁 얼 정도로 추운 야외 연습장에 새벽같이 나와 연습하는 사람들을 보면 인생의 정답이 나온다고 그분은 말한다. 그 시간, 그 날씨에 연습을 나오는 사람들은 시간이 없다는 핑계, 날씨가 춥다는 핑계를 대지 않는 사람들이라는 것이다. 그분의 말을 듣고 나도 어느 날 그 시간에 연습장에 나가봤다. 그랬더니 재미있게도 대부분의 사람들이 소위 말하는 좋은 직업군이거나 성공한 사업가인 경우가 많았다.

성공한 사업가들은 최선을 다하는 습관이 이미 몸에 배어 있는 이들이다. 일반인들은 이들이 인생을 편하게 즐기면서 살 것이라고 생각하는데 전혀 아니다. 이들은 부족한 시간을 쪼개 새벽에라도 운동 연습을 하고 밤늦게라도 책을 펴든다.

무엇을 하든, 좌절을 겪든 인생의 목표를 정하든 최선의 끝을 보라고 말하고 싶다. 그 길 끝에 무엇이 있는지는 최선을 다해본 사람만이 확인할 수 있을 테니까.

10
'5분만 더'와 싸워 이겨라

나는 '완벽한' 저녁형 인간이었다

아침에 일어나는 게 쉬운 사람은 없을 것이다. 그런가 하면 아침마다 5분씩 늦는 사람은 어느 회사에나 꼭 있다. 나 역시도 그랬다. 학창 시절에는 정말 아침에 일어나기가 힘들었다. 아침에 알람이 울리는 소리는 귀에 들리지도 않았고, 어머니가 방에 들어와서 수차례 깨워도 일어나는 척하다 다시 잠들기 일쑤였다.

누가 깨워주지 않아도 스스로 알람을 듣고 일어나는 친구를 보면 나랑 같은 나이인데 어떻게 그럴 수 있는지 너무나 신기했다. 그때는 아무리 노력해봐도 자고 있는 내 귀에 알람 소리가 들리지 않았다. 하지만 가끔 부모님이 깨워주지 않아도 스스로 일어나는 날이 있었다. 바로 소풍가는 날과 격투기 시합이 있는 날이었다. 이 두 날에는 이상하게 아침에 눈도 일찍 떠지고 기상 직후의 컨디션도 좋았다.

아침형 인간과 저녁형 인간은 타고난다는 말이 있다. 한의에서는 소음인과 태음인을 아침형 인간으로, 소양인과 태양인을 저녁형 인간으로 나누며 2009년 영국 런던정경대 사토시 가나자와 교수팀은 미국 청소년 2만여 명을 대상으로 수면 패턴과 IQ와의 연관성을 분석한 결과를 발표하기도 했다. 이런 사실들로 미루어볼 때 수면 패턴은 어느 정도 타고나는 것이며 또 그만큼 바꾸기 어렵다는 의미가 될 것이다. 나는 아주 오랫동안, 나야말로 '완벽한' 저녁형 인간이라고 생각하며 살아왔다.

책에서 발견한 알람 소리

이런 수면 패턴은 어른이 된 이후에도 오랫동안 이어졌다. 그러다 20대 중반에 우연히 읽은 책의 구절 덕에 나는 이 습관을 버리기로 결심했다. 그 책에는 "아침에 알람이 울렸을 때 한 번에 일어나지 못하고 여러 알람을 맞추는 것은 스스로와의 약속을 지키지 못하는 것이다"라고 적혀 있었다. 사소한 알람의 약속조차 지키지 못하는데 하루, 1년, 나이가 인생의 약속을 어떻게 지킬 수 있겠느냐는 뜻이었다. 그때까지 알람을 5분 간격으로 7~8개씩 맞춰놓고 잤었는데 글을 읽으면서 깊은 반성을 했다.

알람은 스스로와의 약속이다. 6시에 맞췄으면 6시에 일어나겠다는 일종의 각오이자 다짐이다. 이 알람에 바로 일어나지 못하고 계속해서 5분씩 더해가는 것은 아침부터 자신이 이끌어가는 삶이 아닌 끌려가는 삶을 살게 되는 것이다. 하루의 시작이 끌려가는 삶으로 시작하니 당연히 하루 종일 끌려다닐 가능성이 많다. 자신의 아침도 마음대로 조종하지 못하면서 어떻게 자신을 바꾸고 환경을 바꾸겠다는 말인가?

5분씩 더 잔다고 해서 사실 엄청나게 피로가 풀리는 것도 아니며, 5분 더 안 자고 일어난다고 해서 건강에 지대한 영향이 있는 것도 아니라는 사실을 우리는 잘 알고 있다. 하지만 그럼에도 불구하고 아침에 알람이 울리면 일어나지 못하고 끌려가는 행동을 하고 있다. 5분씩 알람을 네 개 맞춰서 20분 뒤에 일어날 것 같으면 그냥 알람 하나를 20분 뒤 시간으로 맞추고 자는 게 낫다.

내일이 최대한 즐거울 것이라고 생각하며 잠자리에 들자

아침을 활기차고 가뿐하게 시작하고 싶지 않은 사람은 없을 것이다. 내 경우, 아침에 상쾌하게 눈을 뜨기 위해 이 방법을 쓴다. 잠들기 전 활기찬 기억을 떠올린다.

마치 어렸을 적 소풍가기 전날 벅찬 마음으로 잠자리에 드는 것처럼 말이다. 그러고는 내일의 일정이 최대한 즐겁다고 생각하면서 침대에 눕는다. 내일 만나는 직장 동료들 중에 반가운 사람들을 떠올리고 퇴근 후 만날 친구들의 얼굴을 떠올린다. 내일 있을 새로운 미팅과 주어질 업무에 대한 기대감을 한껏 부풀려본다.

가능하면 마치 내일 즐거운 여행을 떠나는 날처럼 생각하고, 알람이 없이도 일어나야 할 시간에 일어날 수 있다고 입으로 반복해서 말한다. 그리고 다음 날 아침 알람 소리가 들려오자마자 일단 이불을 박차고 일어나 물을 한 잔 마실 수 있으면 마시고 화장실로 향한다. 간단히 양치를 하면 좋고, 양치를 하지 않아도 입을 헹구다 보면 잠이 서서히 달아날 것이다. 이러한 루틴을 단 일주일만 반복해도 잃어버린 아침을 찾을 수 있다.

되찾은 아침에
하루가 딸려온다

아침을 되찾게 되면 하루가 굉장히 길어진다는 것을 느낄 것이다. 아침에 명상을 할 수도 있고, 운동을 할 수도 있고, 시간이 부족해서 못 읽었던 책을 읽을 수도 있다.

나는 아침에 일어나면 10분간 명상을 하고 20~40분 정도 독서를 한다. 그리고 내 삶의 목표와 이루어야 할 일을 적어놓은 메모를 10분 정도 읽고 가능하면 40분~한 시간 정도 운동을 한 후에 하루를 시작한다. 남들과 똑같은 시간, 아니 더 이른 시간에 출근을 하지만 아침을 찾게 되면 할 수 있는 일이 많아진다.

이렇게 짧게 10분, 20분씩 행하는 일들이 1년, 2년 쌓이게 되면 그렇지 않은 사람들과 큰 격차가 벌어지게 된다. 아침에 20분씩만 책을 읽어도 한 달이면 최소 한 권 이상의 책을 읽을 수 있다. 그렇게 1년이면 아침을 빼앗긴 사람보다 자그마치 열두 권의 책을 더 읽을 수 있다. 또한 하루의 시작을 내가 이끌어가면서 시작하면 이후의 하루 전체가 나의 페이스로 오는 것을 느낄 수 있을 것이다.

아직도 아침에 일어나면서 "5분만 더"를 반복해서 외친다면 단 일주일만 아침을 되찾는 연습을 해보기 바란다. 이 연습이 당신의 아침을 되찾아줄 것이다.

11

책을 인생의 치트키로 삼아라

모방하려 하지 않는 사람은 아무것도 만들어내지 못한다

새로운 분야에 도전할 때 시행착오를 줄일 수 있는 방법은 앞에 있는 성공 사례를 완벽하게 모방하는 것이다. 완벽하게 모방한 후에 창의를 덧붙이는 것이 아무런 정보 없이 시작부터 창의력을 발휘하는 것보다 훨씬 유리하다. 새로운 매장을 시작할 때면 사전에 상권 분석을 시행한다. 상권 분석이라는 것은 사실상 별 게 없다. 매장을 준비할 상권에 가서 잘되는 곳, 안 되는 곳을 둘러보면서 어떤 상품이 잘 팔리는지 그렇지 않은지를 확인하고, 잘되는 곳은 왜 잘되는지 발품을 파는 일이다.

분석을 마치고 그다음 하는 일이 바로 벤치마킹이다. 고급스럽게 표현해서 벤치마킹이지 잘되는 매장 따라 하기 정도로 생각하면 된다. 서비스 매뉴얼이 잘되어 있는 매장의 서비스를 베껴오기도 하고, 때로는 맛있는 메뉴를 그대로 베껴오기도 한다. 비교적 진입 장벽이 낮은 카페 음료 같은 경우는 그 정도가 심해져서, 어떤 매장에서 인기를 끄는 메뉴가 생기면 다음 주에 전국 카페 메뉴판에 그 메뉴가 추가된다는 말이 있다.

인생은 단 1회에
최종 보스를 잡아야 하는 게임

왜 사람들은 모방을 하는가? 가장 큰 이유는 실패의 충격을 최대한 줄이기 위해서다. 아무런 정보 없이 처음으로 하는 일에 도전하는 것보다는 앞선 선배들의 방법을 보고 들으면 좀 더 일이 수월해지기 때문이다. 인생도 마찬가지일 거라 생각한다. 우리가 인생을 2~3회 정도 다시 살 수 있다면 첫 번째 인생에서 실수와 실패를 경험하더라도 다음 인생을 살 때 고쳐서 다시 잘하면 된다. 게임도 처음 하는 게임에서는 캐릭터가 빨리 죽지만 몇 차례 반복하다 보면 적들의 공격 패턴을 익힐 수 있어 보스를 이기는 것처럼, 우리의 인생도 다시 시작이 가능하다면 한결 마음이 편할 것이다.

하지만 우리의 인생은 매정하게도 단 1회에 최종 보스를 잡아야 하는 게임이다. 처음 겪어보는 적들의 공격 패턴을 미처 익히기도 전에 새로운 적들의 공격 패턴을 맞이해야 한다. 그렇다면 처음 사는 인생을 마치 수차례 살아본 것처럼 행동하기 위해서는 어떻게 하는 것이 좋을까? 나는 책에서 그 방법을 찾는다.

독서는 인생을 두 번 사는 방법이다

우리는 모두 저마다의 인생을 처음이자 마지막으로 산다. 한번 지나간 시간은 억만금을 쥐어줘도 돌아오지 않는다. 당연히 그러다 보니 시행착오가 무수히 많다. 작은 점포를 하나 오픈할 때에도 상권 분석과 모방을 철저히 하더라도 시행착오가 생기기 마련인데, 100년의 인생을 아무런 정보 없이 처음 시작하게 되면 얼마나 많은 실수와 실패가 생기겠는가? 이런 실수와 실패를 줄이기 위해서는 앞서 말했듯이 성공한 사례의 철저한 모방 후 창조가 가장 좋은 방법이 된다.

가장 확실한 방법은 자신의 가치관에 맞는 '성공한 인생'을 이미 살고 있는 사람 옆에 붙어서 그의 습관과 말투, 생각과 행동 방식을 답습하는 것이다. 한 50년쯤 붙어 있으면 거의 완벽한 모방을 할 수 있지 않을까 싶다. 하지만 곧 당신의 장례를 준비해야 할 수도 있다. 성공은 완벽한 모방 후 추가적인 창의가 필요하다. 단순한 모방으로 끝내서는 아무리 완벽해도 2인자 타이틀을 벗어날 수 없다. 또한 한 사람의 인생을 옆에서 보고 배우기에는 우리의 인생이 너무 짧다는 한계가 있다.

그런 문제점들을 보완한 것이 바로 책이다. 한 사람의 자서전을 읽으면 단 몇 시간 만에 그 사람의 인생 전체를 훑을 수 있다. 그 저자의 50년 어치의 인생을 배우기 위해서는 본래 우리의 인생 50년을 투자해야 하는데 단 내 인생 몇 시간을 가지고 상대의 50년과 교환할 수 있으니 굉장히 크게 남는 장사다.

이는 직업을 경험할 때도 적용된다. 장사를 처음 시작하는 경우, 장사에 관련된 책을 읽으면 앞선 경험자들의 지혜를 바탕으로 처음 같지 않은 시작을 할 수 있다. 차를 알고 싶다면 차에 관련된 서적을 보면 되고 영업을 하고 싶다면 영업에 대한 책을 읽으면 된다. 물론 책의 이론만 가지고 실행하기엔 어려움이 따르지만, 비교적 단시간에 굉장히 많은 양의 지식과 간접 경험을 흡수할 수 있다는 것이 책이 주는 가장 큰 매력이다.

책을 한 번도 읽지 않고 인생을 사는 것은 단 한 번의 인생을 혼자만의 생각으로 뚫고 살아내는 일이다. 앞선 성공자들에 대한 모방이 없기 때문에 당연히 무수히 많은 실수와 실패라는 시행착오를 몸소 겪을 수밖에 없다. 책을 많이 읽는 것은 무수히 많은 인생을 살아본 것과 비슷한 효과를 준다. 그렇기 때문에 인생 전반의 시행착오를 줄여주고, 인생의 암흑기에 시련이 닥치더라도 자신에게만 그 어려움이 오는 것이 아니라는 위안을 주어 보다 많은 인내를 가능하게 하고, 보다 빠른 성공을 안겨준다.

자기계발서를 가까이에 두자

자기계발서들의 특징은 사례와 경험은 서로 달라도, 말하고자 하는 주제와 방법론은 비슷하다는 데 있다. 자기계발서들을 많이 읽다 보면 분명 처음 읽는 책이지만 앞서 본 책과 비슷한 내용이 나올 때가 있고, 때로는 뒤의 내용이 예측되는 경우도 생긴다. 그런 특징 때문에 자기계발서가 불필요한 도서라고 말하는 사람들이 꽤나 많다.

하지만 나는 자기계발서를 월에 최소 한 권 이상 읽으려고 노력한다. 이 달의 목표가 책 다섯 권 읽기라면 자기계발서 비중을 최소 1~2권으로 잡고, 시간이 부족해서 한 권밖에 읽지 못하는 달에는 급히 배워야 하는 비즈니스 책이 대기하고 있지 않은 이상 자기계발서로 채운다. 자기계발서를 부정적으로 말하는 사람들은 책장을 덮고 나서 적게는 일주일, 길게는 한 달 정도만 책 내용이 기억에 남고 그 이상 시간이 지나면 남는 내용이 없다는 것을 가장 큰 이유로 든다. 기억에 남지 않으니 유익하지도 않을 거라는 선입견이 뿌리 깊은 것이다. 게다가 작심삼일이라고, 자기계발서를 읽고 실천해보려 해도 2~3일 정도만 지나면 잘 지켜지지 않는다고 한다. 이들의 주장을 들어보면 사람들이 자기계발서 내용을 몰라서 안 하는 게 아니란다. 어차피 읽어도 다 아는 내용들이고 그렇게 하면 좋다는 것도 알고 있는데 사람이 그렇게 지속적으로 하는 게 힘들기 때문에 못하는 것이라고 말한다.

작심삼일에서
작심 한 달로 이어가자

자기계발서의 목적은 당신의 인생을 송두리째 바꿔주기 위함이 아니다. 단 한 달, 단 일주일, 아니 단 3일이라도 바꿔주는 데 목적이 있다. 작심삼일은 전혀 나쁜 것도 아니고, 왜 나는 안 되는지 죄책감을 가질 필요도 없다.

사람은 원래 새로운 습관을 3일 이상 지속하기 어렵도록 설계되어 있다. 그렇지 않다면 왜 선조들이 작심삼일이라는 단어를 만들었겠는가? 그들도 우리처럼 3일을 채 넘기기 어려웠다는 방증이다.

하지만 작심삼일을 1년에 열 번만 반복해도 30일이다. 거의 한 달 동안 새로운 습관을 가지기 위해 노력할 수 있다. 작심삼일에 조금 익숙해지면 작심 일주일을 열 번씩 할 수 있게 되고, 작심 일주일에 익숙해지면 작심 한 달 정도를 할 수 있게 된다. 작심 한 달을 1년에 열 번 정도만 반복할 수 있으면 자기 자신을 원하는 인간상으로 바꿀 수 있는 기회가 주어진다.

자기계발서는 바로 작심삼일을 반복할 수 있는 동기부여를 심어준다. 동기부여는 어떤 이유든 상관없다. 책의 내용에 감동을 받아서든 자존심이 상해서든, 아니면 책값이 너무 비싸서든! 책을 덮고 단 3일이라도 습관을 바꿔볼 수 있다면 성공이다. 그렇게 열 번의 작심삼일로 마련한 한 달의 시간으로 자기계발서를 한 권이라도 읽으면 1년 중 30일은 다른 습관을 가진 사람으로 살아볼 수 있다.

이후에는 차츰차츰 습관을 바꾸는 것에 익숙해지면서 마치 게임

캐릭터의 빈 슬롯에 능력치를 추가할 수 있는 것처럼 자신의 인생에 새로운 습관을 추가할 수 있게 된다. 책을 읽지 않는 것은 남들이 수십 차례 인생의 모방으로 시행착오를 줄여갈 때 단 한 번의 인생을 살게 한다. 처음 하는 게임에서 가이드도 없이 단 한 번에 최종 보스까지 잡겠다는 무모함이 인생에는 통하지 않음을 알기 바란다.

12
발품만 한 정보는 없다

막연한 믿음은 금물이다

자영업자의 폐업률이 80%를 넘어선 지 오래다. 그럼에도 '나는 다를 거야'라는 희망을 갖고 많은 사람들이 자기 장사를 꿈꾸며 미래를 계획하고, 하루하루를 살고 있다. 창업 컨설팅을 원해서 찾아오는 사람들과 인터뷰를 하다 보면 현실적이고 디테일한 계획이 없이 그저 장사만 시작하면 잘될 거라는 믿음을 갖고 오는 분들이 많아서 마음이 답답하다.

사장이 되면 생활이 더 윤택해질 것이라는 막연한 생각을 하고 오는 분들이 많은데 사실 대한민국에서 자영업 매장의 대표로 사는 건 녹록지가 않다. 직원들이 오히려 사장보다 더 벌어가는 경우도 많고, 직원들보다 사장의 근무 시간이 더 긴 경우도 많다.

사장이란 무엇이고 어떤 역할을 해야 하는가

사장이 매장에 있는 가게와 없는 가게는 천지 차이라는 말이 있다. 그만큼 사장의 역할이 중요하다는 이야기다. 그러나 이 말의 의미를 사장이 반드시 매장에 하루 종일 붙어 있어야 한다고 생각하지는 말기 바란다. 예전에야 사장이 가게를 지키는 일이 매우 자연스러웠다. 그러나 오늘날의 비즈니스는 매우 달라졌다. 사장의 역할이 가게를 지키는 데에만 국한되지 않기 때문이다.

사장은 직원보다 돈을 조금 덜 벌더라도 시간을 벌어야 한다는 것이 나의 창업 지론이다. 사장이 최대한 적게 일하면서 매장이 경영될 수 있도록 해야 한다. 사장이 매장에 열두 시간씩 붙어 있으면서 장사를 한다면 그건 사장이 아니라 사장이란 허울만 가진 직원일 뿐이다. 물론 본인이 오랜 시간 근무하는 것 자체가 행복하고 일종의 장인정신과 자부심을 가지고 있어서 매장에 상근하는 것 자체를 즐긴다면 상황은 달라진다. 하지만 대부분의 창업자들이 장인정신보다는 지금보다 많은 돈을 보다 편하게 벌기 위해 창업을 한다.

그렇지만 안타깝게도 자영업은 우리의 의도대로 흘러가지 않을 때가 많다. 그리고 대부분의 창업자가 최고와 최악의 상황을 계산할 때 최고의 상황은 최대치로 시뮬레이션해보면서, 최악의 상황은 시뮬레이션하지 않는 경향이 있다. 이러한 어설픈 창업 준비가 자칫 당신을 자영업자 폐업률 80%에 포함되게 만들 수 있다.

객단가 계산은
실패하지 않기 위한 습관이다

그렇다면 사장의 역할은 어디까지일까? 사장은 무엇보다 대차대조표를 가늠할 줄 알아야 한다. 작은 매장이든 큰 매장이든 경영자의 안목을 가져야 한다는 말이다. 일례로, 만약 당신이 창업에 실패할 확률이 100%라고 가정해보자. 그렇다면 창업 전에 체크해야 할 항목을 하나하나씩 실행해나감에 따라 실패 확률을 조금씩 낮출 수 있고 마침내 10% 이내로 만들 수 있을 것이다.

우선 요식업이나 카페를 창업하는 사람이라면 창업하기 전 창업 아이템을 고작 1~2개월 정도 준비해서 오픈하는 경우가 많은데, 이것은 실패할 확률을 높일 뿐이다. 위치를 고려하는 일 역시 시간과 공을 들여야 한다. 임대료가 싼 곳은 그만큼 유동 인구가 적어 위치적 리스크가 클 확률이 높다. 무조건 낮은 임대료를 찾기보다는 자신이 팔 상품을 소비할 고객이 몰려 있는 곳을 물색해야 한다. 이처럼 오랜 기간 내공이 쌓여 있어야만 이런 위치적 리스크와 아이템에 대한 리스크를 줄일 수 있다.

나는 항상 주간에 식당이나 카페를 가면 객단가와 일일 매출을 계산해보는 버릇이 있다. 현재 식사를 하고 있는 머릿수와 테이블에 올라온 메뉴의 객단가를 계산해서 한 타임의 매출을 계산해본다. 그리고 식사를 하는 동안 시간을 확인하고 메뉴에 따른 테이블 회전수를 대략적으로 예상해본다. 그러면 얼추 하루 매출을 예상할 수 있다.

시간이 된다면 저녁에 다시 한 번 들러서 주간에 예상한 회전율과 객단가가 나오는지 확인한다. 이런 시뮬레이션을 통해 이 매장이 하루 어느 정도의 매출을 올리는지, 그러면 한 달 매출은 어느 정도 나오는지, 지금 있는 매장의 홀, 캐셔, 주방 인건비 등은 얼마나 나갈지 예상해보고 손익을 따져본다. 어디에 당장 사용할 일은 없는 버릇이지만 반복하다 보면 메뉴와 아이템 그리고 위치에 따른 대략적인 객단가와 손익 구조가 머릿속에 익숙해지기 마련이다. 적어도 향후 5년 이내 창업을 꿈꾸고 있는 예비 창업자라면 이러한 습관을 의도적으로 가지는 것을 추천한다.

임대 현수막을 지나치지 마라

또 하나의 습관은 부동산 가격 분석이다. 매장을 창업할 때 무엇보다 중요한 것은 위치다. 물론 일부 요식업의 경우 아이템이 지리적 리스크를 깨트려서 외진 곳으로 손님을 끌어모으는 경우가 있지만 이는 극히 드물다. 대부분의 경우 매장은 비싼 곳이 비싼 값을 하기 마련이다. 비싼 곳일수록 지리적인 리스크가 줄어들고 지리적 리스크가 줄어든 만큼 실패할 확률이 줄기 마련이다.

직장 생활만 지속하다가 창업하는 경우 창업 아이템은 몇 날 며칠을 알아보면서 점포 자리는 부동산에 위임해놓는 경우를 자주 볼 수 있다. 하지만 대부분의 부동산은 당신의 계약 체결이 목적이지 계약 이후 창업의 성공이 목적이 아니다. 그래서 전문가에게 위임한다고 하더라도 이 장소가 지금 저렴한지 아닌지 그리고 자리가 좋은지 그렇지 않은지 정도는 알 수 있어야 한다.

이러한 눈을 키우는 데 가장 좋은 습관 중 하나는 차를 타고 돌아다니다가 임대 문의 현수막이 보이면 일단 전화를 해보는 것이다. 나는 임대 문의 현수막이 100개가 보이면 100번을 전화하고 메모하는 습관이 있다. 같은 상권에 위치한 건물이라도 건물주의 개인 사정에 따라 임대료가 다르기 마련이다. 이 차이가 미미하면 상관없지만 바로 옆 건물이라도 두 배 이상 차이 나는 경우가 있다. 또한 건물주가 직접 임대 문의 현수막까지 만들어 붙일 정도의 상황이라면 이미 공실이 된 지 오래일 수 있으니 개별적인 협상에 따라 프리렌트를 일정 기간 받을 수 있고 이는 다시 임대료 인하 효과로 돌아온다.

이렇게 주변 시세를 계속해서 귀로 듣는 것만으로도 지리적인 리스크를 상당히 줄이는 효과가 있다. 정작 본인이 창업할 때가 돼서 급하게 부동산을 알아보게 되면 정확한 정보 없이 저렴하지 않은 가격에 나온 점포를 계약하게 될 가능성이 높다.

실패를 하나씩 줄이자

이렇게 아이템적인 리스크와 지리적인 리스크를 조금씩만 줄여줘도 실패할 확률을 상당히 낮출 수 있다. 사람이 붐비지만 객단가가 낮은 아이템은 보기에는 장사가 잘돼 보일지 몰라도 실제 순이익이 터무니없이 낮을 수 있다. 그저 매장에 사람이 많아 보인다고 셈하지 않고 창업을 했다가는 망하기 십상이다.

객단가와 손익을 계산하는 버릇은 이런 실수를 예방해준다. 부동산이 추천해주는 매장을 발품도 팔아보지 않고 들어가는 것은 상당히 위험하다. 자리를 정했다면 반드시 며칠간 그 주변 일대의 부동산을 돌면서 다시 한 번 주변에 동일한 평수 매장의 시세를 파악하고 임대 문의가 붙어 있는 모든 점포에 전화를 걸어 정리를 해보아야 한다.

그런 절차를 거쳤는데도 나쁘지 않다는 판단이 들면 그때 비로소 계약을 체결하기 바란다. 지금의 대한민국 자영업은 얼마나 더 잘되는가를 겨루는 것이 아니라 얼마나 덜 망하고 오래 버티느냐의 싸움이다. 창업 전에 위와 같은 방법으로 리스크를 줄인다면 보다 안전한 창업이 될 수 있다.

13

일에도 '체한다' 급하게 먹지 마라

일도 음식이다 꼭꼭 씹자

배가 고프다고 음식을 급하게 먹으면 체한다. 허기에 허겁지겁 먹느라 속에서 잘 받는다고 생각하겠지만, 막상 다 먹고 나면 속이 메스껍고 소화가 안 되는 느낌이 들면서 손발을 땄던 기억이 누구에게나 있을 것이다.

그래서 체하지 않으려면 음식을 너무 급하게 먹지 말고 적당량을 먹어야 한다. 또한 가능하면 너무 차가운 음식은 피하고 적절한 온도의 음식을 제때에 먹는 것이 좋다. 시합을 앞두고 체중 감량을 하던 운동선수가 계체가 끝나고 음식을 급히 먹기 시작하면서 급체로 고생하는 일이 종종 있다. 오랫동안 대량의 음식을 소화하지 않았던 신체가 갑작스러운 음식물 섭취를 받아들이지 못해 일어나는 현상이다.

재미있는 사실은 체했을 당시는 자신이 먹은 음식 중에 어떤 것을 먹다가 체했는지 정확히 알 수 없다가도 나중에 다시 그 음식을 먹으려고 할 때 몸의 반응으로 알게 된다는 점이다. 어묵 먹다 체한 사람이 한동안 어묵만 보면 속이 메슥거리는 경우가 그에 해당한다. 나는 '일'도 음식물과 마찬가지라고 생각한다. 급하게 서두르다 보면, 급체로 고생하는 경우가 틀림없이 생긴다.

패기 넘치는
신입 사원의 과속도

간혹 신입 사원이나 희망했던 부서로 업무를 배정받은 직원들이 의욕에 넘쳐 일에 빠져들 때가 있다. 그들은 누가 시키지 않아도 밥 먹듯이 야근을 하고, 쉬는 날에도 쉬지 않고 계속해서 업무에 빠져든다. 물론 그럴수록 성공의 가도에 가까워지는 것은 사실이다. 하지만 그 이전에 스스로가 이 정도 일을 할 준비가 되어 있는지 충분히 살펴볼 필요가 있다. 음식도 평소 섭취하는 것보다 급하게 많은 양을 밀어 넣으면 체하는 것처럼 일도 평소에 자신이 할 수 있는 역량보다 급하게 대량의 일을 하게 되면 체한다.

나는 이를 일에 '체한다'라고 표현한다. 일에 체하게 되면 어느 순간 갑자기 일이 쳐다보기도 싫어진다. 마치 어묵을 먹고 체한 사람이 어묵을 보면 속이 메스껍듯이 그동안 잘해왔던 업무에서 갑작스레 손을 놓고 싶어진다. 자신이 열심히 해오던 일이 어느 순간 갑자기 숨 막히게 힘든 느낌으로 다가온다면 잠시 하던 일을 멈추고 자신이 일에 체하지는 않았는지 검토해봐야 한다.

일에 체하는 것이 무서운 이유는 우리로 하여금 이 일이 자신과 안 맞는다고 느끼게 한다는 것이다. 이 때문에 자칫 본인의 적성에 잘 맞았던 일을 본인 스스로 내려놓는 수가 있다.

일이 안 맞는 것인지 과로한 것인지 판단하라

갑작스레 하던 일을 할 뿐인데 책상에만 앉아도 가슴이 답답해온다면 처음 이 일을 시작하던 시기를 떠올려라. 그리고 이 일의 시작부터 자신이 괴로워했던 일이 떠오른다면 정말 그 일이 적성에 맞지 않는 일임을 되새길 필요가 있다. 반면 처음 그 일을 배워간 시기를 떠올렸을 때 가슴이 뜨거웠던 기억이 있다면 이는 본인의 적성에 맞지 않는 것이 아니라 일에 '체했을' 가능성이 높으므로 현재의 자기 상태를 살펴야 한다.

다만 당신이 체했음을 알아차리고 알려주는 사람은 극소수다. 그저 정신 차리라고 하는 사람이 있을 뿐이고, 대다수가 누구나 다 그런 시기를 겪는다고 말할 것이다. 그러나 그런 말은 당신 마음에 크게 와 닿지 않을 것이다. 상사나 동료들의 잘못은 아니다. 그들도 일에 체한다는 개념을 모르고 있기 때문이다.

나는 회사나 매장에 근무하는 직원들 중 열심히 하는 직원들을 눈여겨본다. 누가 봐도 열심히 하는 사람은 티가 나기 때문에 눈에 들어오는 것은 당연하다. 하지만 내가 눈여겨보는 이유는 아까운 인재가 체하지 않을까 하는 염려 때문이다.

갑작스레 열정이 넘치는 직원을 보면 대견한 마음도 들지만 항상 한편으로는 일에 체하지 않을까 하는 염려가 든다. 일에 체해버리면 본인의 업무가 적성에 부합하고 조금만 노력하면 좋은 인재가 될 수 있음에도 느닷없이 포기할 수 있기 때문에 주의 깊은 관찰과 강제 휴식이 필요하다.

대부분 일에 체할 정도로 열정이 올라와 있는 경우에는 쉬기를 거부하는 경우가 많은데, 조직의 관리자는 해당 직원이 이런 과정을 버텨낼 수 있는 체질인지를 살펴야 한다. 일에 체하지 않기 위해서는 어느 정도 페이스를 조절해야 하는데, 정신력만으로는 인체가 버틸 수 있는 한계가 있음을 인정하고 휴식을 취할 땐 취하면서 업무에 임해야 한다.

흥미도가 너무 높고 열정이 높아서 이런 휴식 주기를 자가 조절하기 힘든 시기에는 체하지 않도록 주변에서 강제로라도 도와줄 필요가 있다. 그렇게 휴식과 업무를 적절히 혼합하면서 업무량을 늘려간다면 허약한 사람이 꾸준한 수련을 통해 강건한 체질로 바뀔 수 있는 것처럼 점점 체하지 않는 체질로 바뀌게 된다.

체하지 않는 체질 개선을 위하여

많은 기업의 회장, 대표들은 대부분 생각보다 엄청나게 바쁜 일정을 소화한다. 겉보기에는 그들의 삶이 휴식의 연속처럼 보일지 몰라도 실제 속을 들여다보면 일반인이 소화하기 힘든 양의 일을 소화하고 있다.

2010년에 방영된 〈SBS 스페셜 : 출세만세 4부 — 리더에게 길을 묻다〉에는 두산 박용만 회장의 일과가 소개되었다. 당시 그 방송을 본 사람들은 공개된 박 회장의 24시간을 보고 사람이 어떻게 그리 바쁘게 살 수 있느냐는 반응을 보였다. 방송에 나온 박 회장의 일과는 숨 가쁘게 바쁘고 또 매우 알차게 보였지만, 사실 대부분의 명성 있는 기업 대표들은 거의 박 회장과 비슷하게 움직인다. 이들이 24시간을 이렇게 꽉 차게 보낼 수 있는 이유는 이들이 오랜 담금질의 과정을 거치면서 웬만하면 체하지 않는 체질을 갖게 된 덕분이다.

갑자기 하던 일이 손에 잡히지 않을 때, 원인을 알 수 없을 때 처음 이 일을 접하던 시기를 떠올려라. 그리고 그때의 가슴 뜨거운 열정이 생각난다면 당신이 너무 급하게 달려왔음을 자각해야 한다. 체하지 않는 체질이 될 때까지는 오랜 숙련 기간이 필요함을 인정하고 정신력만으로 인체의 하드웨어를 한 번에 넘어설 수 없음을 인정하라. 쉴 때는 마음 편하게 쉬어줘야 더 큰 그림을 그릴 수 있다.

14

안전벨트만 풀지 않으면 역경은 지나간다

놀이기구를 신뢰하지 못한 십 대 소년

나는 중학교 때까지 매우 소심하고 소극적인 아이였다. 소풍 때 놀이동산에 가도 놀이기구 타는 것을 그다지 즐기지 않았다. 놀이기구 타는 것 자체가 무섭다기보다 놀이기구를 믿지 못해 탈 수 없었다.

'운행하는 도중 안전벨트가 풀리면 어떡하지? 그땐 어디를 붙잡아야 안 날아갈까?'

친구들 손에 이끌려 억지로 놀이기구를 탈 때마다 이런 생각을 했던 기억이 있다. 안전에 대한 신뢰가 없으니 놀이기구가 재미있을 리 없었다. 그 나이 때 아이들과는 전혀 어울리지 않게, 나는 매우 곤혹스럽고 괴로운 심정으로 놀이기구에 탑승하곤 했다. 그렇게 백날 천날 걱정하며 놀이기구를 친구들과 숱하게 탔어도 지금까지 안전벨트가 풀려서 사람이 날아갔다는 이야기는 들어보지 못했다. 기계 고장으로 운행이 정지된 이야기는 들어봤어도, 안전벨트 고장으로 사람이 떨어지거나 하는 일은 들어본 적이 없다.

그렇게 나 나름의 통계가 나오자 그제야 놀이기구가 나 자신을 해하지는 않는다는 믿음이 생겼다. 생각을 그렇게 바꾸고 나니 거짓말처럼 놀이기구가 재미있어지기 시작했다. 삼십대 후반에 접어든 지금도 나는 1년에 한 번씩은 스트레스를 풀러 놀이동산에 간다.

스스로 안전벨트를
풀지 말자

인생에서 생기는 역경이나 위기도 이와 같다고 생각한다. 자기계발서나 위인전은 한결같이 위기에 직면했을 때는 이를 잘 견뎌내고 극복하라고 설명하고 있다. 극복하는 방법을 직접적으로 설명하는 위인도 있고 간접적으로 극복하는 방법을 설명하는 책도 있다. 왜 세상의 모든 현인과 성공한 사람들은 하나같이 위기를 극복해야 한다고 이야기할까? 식상하지만 진실이기 때문에 계속해서 같은 이론이 나오는 것이다.

위기는 우리를 직접적으로 해할 만큼은 오지 않는다. 마치 놀이기구의 공포와 같다. 하늘로 솟구쳤다가 짧은 시간 바닥으로 하강

하는 놀이기구는 탑승자에게 극강의 공포심을 주지만 신체적인 위해를 가하지는 않는다. 우리의 아드레날린이 솟구칠 뿐. 우리는 놀이기구가 안전하다는 신뢰가 있기 때문에 신체의 공포를 오히려 웃으며 즐길 수 있다.

위기도 마찬가지다. 우리를 공포로 몰아넣지만 이를 이겨내려고 한다면 결코 직접적인 위해를 가하지 않는다는 사실을 알아야 한다. 극심한 공포심에 눈을 감아버리지만 않는다면 이겨낼 수 없는 위기란 존재하지 않는다. 놀이기구의 안전벨트를 믿고 언젠가는 이 곡예가 끝날 것임을 전제로 위기를 맞이해야 하는데, 안타깝게도 많은 사람들이 이에 대한 믿음이 부족해서 중도에 스스로 안전벨트를 풀어버리고 만다. 그 결과 직접적인 위해를 가할 수 없었던 위기를 우리 스스로 직접적인 위해로 바꿔버리고 만다.

성공이라는 목적지를 향해

이러한 확신이 당신들의 마음에도 깊이 심어졌으면 좋겠다. 진학에 실패했는가? 취업에 실패했는가? 사업에 실패했는가? 직장에서 퇴직했는가? 당신의 인생은 거기서 끝이 아니다. KFC의 창업주인 할랜드 샌더스는 63세에 창업했다. 사람에 따라 이 위험이 주는 공포의 시간이 때로는 한없이 길게 느껴질 수 있지만, 절대적으로 이 위험이 우리를 파멸의 길로 데려가지 않는다는 확신을 가져야 한다.

도전 정신이 강한 오너들을 만나 인터뷰를 해보면 공통되는 성공 요소가 있다. 위기야말로 본인을 성장시키는 원동력이 되었다는 말이 그것이다. 그들은 수없이 많은 위기를 겪어 오늘에 이른 사람들이다. 다들 처음에는 이 위기의 벨트가 풀려서 자신이 바닥에 내동댕이쳐질지도 모른다는 공포감에 두려움을 느꼈지만, 한두 번 위기를 극복해보니 위기는 스스로를 발전시키기 위해 올 뿐 직접적인 위험을 주려고 오는 것이 아니라는 확신을 가지게 되었다고 한다.

당신도 힘든 시간에 처해 있는가? 그렇다면 이 위기의 안전벨트를 스스로 풀지 않기를 바란다. 묵묵히 버텨낸다면 위기의 열차는 당신을 성공이라는 목적지로 안내해줄 것이다.

15

욕먹는 걸 당연히 받아들여라

세상에서 제일 힘든 일은 나에게 생긴 일이다

"세상에서 제일 힘든 일은 나에게 생긴 일이다"라는 말이 있다. 남이 보기에 아무것도 아닌 일도 내가 힘들면 힘든 일이라는 의미로, 누구나 자신만의 고충이 있다는 말이다.

작은 회사든 큰 회사든 직급이라는 체계가 있기 마련이다. 항상 보다 낮은 직급에 위치하고 있는 사람들은 높은 직급의 사람들이 편해 보이고 부럽기 마련이다. 하지만 직급이 올라갈수록 높아져가는 연봉만큼 함께 올라가는 것이 있다. 바로 외로움이다.

저녁 한 끼
편히 먹을 사람이 없다

우리 회사에는 캐피탈을 상대하는 부서가 있다. 21개 캐피탈을 폭넓게 상대하다 보니 자연스럽게 나도 이들과의 만남을 종종 갖게 된다. 이 캐피탈사들은 대부분 직급에 따른 위계질서가 상당히 강해서 하위 직원이 상위 직원을 대하는 모습을 보면 꽤나 부담스럽다.

처음에는 대리로 만났던 친구가 어느덧 부장이 되고 차장이 되고 지점장까지 되면 마냥 좋을 것 같지만 그들도 그들 나름의 고충이 있다고 했다. 얼마 전까지 친구처럼 지냈던 동료들이, 본인의 직함이 달라졌다고 점점 멀어지는 것을 느끼기 때문이라는 것이다. 승진은 했을지언정 마음 터놓을 사람이 없고, 저녁 한 끼를 편하게 먹을 사람이 없다는 하소연을 종종 듣게 된다.

우리 회사에서 운영하는 카페에서 매니저를 하다 독립해 카페를 차린 친구가 있다. 매장에 있을 때 매장 일을 본인 일처럼 잘 해줘서 늘 고마워했던 친구다. 퇴사 이후에도 종종 근황을 묻고 지내는데, 얼마 전 사장이 되니 어떠냐는 내 질문에 힘없이 "힘들다"는 답변이 돌아왔다. 사장이 되니 매니저를 할 때보다 직원들 눈치를 더 봐야 하고, 일도 더 해야 하고, 퇴근해도 계속 매장 생각을 해야 하니 완전한 퇴근도 없고, 무엇보다 "많이 외롭다"고 했다.

나 역시 그렇다. 몇 개의 법인을 운영하면서 적지 않은 직원들과 친형제 같은 임원들이 늘 함께하지만 누군가에게 속내를 털어놓은 게 언제인지 기억조차 나지 않을 만큼 오래되었다. 타인의 속내는 많이 듣지만 정작 내가 힘든 부분은 말하지 않게 된 것이다.

이미 내가 가진 어려움은 직원들이 공감할 수 있는 내용이 아니고, 수장이 감정적인 모습을 보이는 것이 회사에는 아무런 도움이 되지 않는다는 것을 알기에 감정을 소거시키고 지낸 지가 꽤 오래되었다. 아침마다 나는 잠깐씩 명상을 한 뒤 '확신의 말'을 되뇌고 하루를 시작하는데, "나는 감정 기복이 없고 항상 객관적으로 상황을 판단한다"라는 문장은 꼭 빼놓지 않는다.

외로움은 견디라고 있는 것

존 록펠러는 "외로움의 가장 큰 문제는 자신만이 외롭다고 생각하는 것이다"라고 말했다. 외로움은 직급이 올라갈수록 따라오는 당연한 대가다. 이를 겸허하게 받아들이지 못하고 발버둥칠수록 자신에 대한 평가는 하락하게 된다. 예를 들어 아무리 직원들에게 잘해주는 사장이라도 회식 자리에서 2차, 3차까지 함께하는 걸 좋아하는 직원들은 없다. 알아서 적당할 때 본인의 역할을 깨닫고 빠져주는 것이 멋있는 사장이고 상급자다.

뒤에서 직원들이 상급자 욕을 하는 것은 당연하다. 이건 당신이 특별히 못나서가 아니다. 아무리 잘해줘도 상급자이기 때문에 뒤에서 욕하는 직원들이 있는 건 당연하다. 나아가 사장이라면 더할 나위가 없다. 구태여 그런 소리가 들린다고 해서 특별히 노여워할 필요도 없고 서운해할 필요도 없다. 대부분의 상급자들이 직원들에게 뒤에서 욕하지 말라는 소리를 하지만, 나는 반대로 직원들에게 욕은 앞에서 하지 말고 뒤에서만 하라고 한다.

직급의 특성상 대부분 상위로 갈수록 개체가 적어지는 피라미드의 형태를 띠게 된다. 그럼에 따라 당연히 찾아오는 것은 외로움이다. 미국의 석유왕 록펠러조차도 외로웠다. 오죽하면 리더의 최고의 덕목은 인고라는 말이 나왔을까!

마음의 준비를 하지 못한 채 갑자기 조직의 리더를 맡게 되면 제일 먼저 부딪히는 부분이 바로 이러한 외로움이다. 이를 성장의 당연한 발판으로 생각하고 두꺼운 얼음을 부수고 나아가는 쇄빙선처럼 강인한 정신력을 가질 수 있기를 바란다.

3장

확실한 신뢰

믿을 것인가 의심할 것인가

16

운 좋은 사람처럼 행동하라

노력은 그저 거들 뿐

운칠기삼(運七技三)이라는 말이 있다. 사람이 살면서 일어나는 모든 일의 성패는 운이 7할이고 재주나 노력이 3할로, 운이 크게 좌우하지 노력이 좌우하는 게 아니라는 뜻의 사자성어다.

열심히 노력하는 사람들이 보면 힘이 빠질 수 있는 말이지만 나는 이 말에 깊이 공감한다. 어떤 일을 수행하는 데 운은 굉장히 중요하다. 제아무리 장사를 잘하는 사람도 매장을 오픈하자마자 매일같이 태풍이 몰아친다면 유지할 재간이 없다. 장사의 신이 와도 마찬가지다. 제아무리 뛰어난 강연자라도 홍수로 불어나 강연장이 물바다가 된다면 어쩔 건가?

벌어질 가능성이 낮은 극단적인 예지만, 이처럼 '운' 앞에 작은 피조물인 인간은 무참히 산산조각날 수밖에 없다. 이처럼 발생할 확률이 극히 드문 일이 실제로 벌어질 때 우리는 흔히 '운이 없다'라고 표현한다. 아무리 계획을 잘 세워도 운이 따라주지 않으면 성공하기가 매우 어려운 탓이다. 그 정도로 운은 매우 중요하다. 하지만 운을 움직일 수 있는 방법이 있다. 자기계발서들에서 공통으로 설명하는, 운을 좋게 만드는 방법은 크게 두 가지다.

첫째, 이미 운이 좋은 사람처럼 행동하는 것.

둘째, 자기 자신을 속이지 않는 것.

밝고 좋은 이에게 운이 찾아든다

운은 항상 기운이 밝고 좋은 사람에게 흘러가게 되어 있다. 과학적 근거가 부족하고 만화책에서나 나올 만한 표현이지만 이런 주장은 수많은 자기계발서에서 공통으로 하는 내용이다. 나 역시 처음에는 저자들이 책을 팔기 위해 듣기 좋은 소리나 늘어놓고 있는 것이라고 생각했다. 복권이 당첨된 사람처럼 행동하면 복권이 당첨되나? 말 그대로 과학적 근거라고는 조금도 없는 허무맹랑한 말처럼 느껴졌다.

하지만 접하면 접할수록 대부분의 자기계발서와 유명 인사들의 자서전에는 비슷한 말이 적혀 있음을 알게 되었다. 할 수 있다는 믿음이 필요하다. 하늘이 돕는다고 믿어라, 운이 좋다고 생각하라 등 어휘만 다를 뿐 거의 동일한 내용의 주장이 펼쳐졌다. 인생 선배들이 공통적으로 언급할 때는 그만한 이유가 있겠지, 라고 생각하며 나도 운이 좋다고 생각하며 지낸 지 이제 약 8년 정도 된 것 같다. 딱 8년 전이 내 인생에서 가장 어두웠던 시절이었다.

삶의 바닥에서 발견한 책 읽기

8년 전, 나는 하던 사업이 어려워져 바닥까지 내려갔다. 어린 나이에 기반 없이 사업을 한답시고 벌려놓았던 일들이 불의의 사고로 인해 한 번에 무너지면서 회복하기 힘든 지경에 이르렀다. 당시 내게 남은 거라곤 차량 한 대와 현금 3천만 원 정도가 전부였다. 이 돈마저 헛되이 사용해버리면 안 되었기에 신중에 신중을 기했다.

다시 일을 시작하기 전에 생전 읽지 않던 책을 읽기 시작했다. 학창 시절에 판타지 소설을 읽은 일 말고는 20대 후반이 될 때까지 제대로 책을 읽은 적이 없었다. 여러 선배들이 책을 많이 읽어야 한다고 귀가 따갑게 이야기했지만 나는 그럴 여유가 없을 만큼 바쁘게 살았기 때문에 못 읽는 것이라는 핑계로 책읽기를 미루고 미뤄왔던 터였다.

그런데 이제는 그 책읽기를 더 늦기 전에 하고 싶었다. 매달 책값만 70만 원 이상을 썼고 세상의 흐름을 배우기 위해 매일 여섯 개 일간지를 빠짐없이 정독했다. 그렇게 단기간에 많은 책을 접하다 보니 서로 다른 책들이 말하고자 하는 공통분모들을 쉽게 찾아서 정리할 수 있었다. 특히나 자기계발서들은 이상하리만치 내용이 똑같았다. 과학적 근거 없는 말들이 마치 실험으로 증명이나 된 것처럼 당당하게 적혀 있었다.

그중 하나가 바로 이미 운이 좋은 사람처럼 행동하라는 것이었다. 이는 다른 말로 풀이하면 "할 수 있다고 믿어라"라는 말의 동의어이고, 일단 실행해보라는 말의 동의어이며, 긍정적으로 생각하라는 말과도 동의어였다. 할 수 있다고 믿으며 일단 실행하기 위해서는 스스로 운이 좋아서 뭘 해도 무조건 된다는 믿음이 선행 조건으로 있어야 했다. 긍정적으로 생각하는 것 역시 스스로 운이 좋아서 자기 자신에게 긍정적인 일만 생긴다는 확신이 선행 조건으로 있어야 했다.

생각의 차이가 마음을 바꾸고 운을 바꾼다

미국의 제16대 대통령 에이브러햄 링컨은 나이 마흔이 넘으면 자신의 얼굴에 책임을 져야 한다고 했다. 나는 원래 화가 굉장히 많은 사람이었다. 그래서 얼굴에도 항상 화가 나 있었다. 화를 잘 내야 일이 더 잘되는 줄 알았고, 거래처나 직원들도 내 말을 더 잘 들어주는 것이라 생각했다. 부드러운 카리스마가 사람의 마음을 훨씬 잘 움직인다는 것을 미처 알지 못했던 것이다.

스스로 화가 많다 보니 이상하게 주변에서도 계속 화나는 일이 꼬여왔다. 오늘 왠지 시내에 가서 술자리를 하면 시비가 붙을 것 같다고 생각하면 그날은 어김없이 옆 테이블에서 모르는 사람이 시비를 걸어왔다. 직원들이 버릇없이 행동하면 한번 혼을 내줘야겠다 생각하면, 그날은 기다렸다는 듯 버릇없이 행동하는 직원이 눈에 들어왔다. 어떤 실수가 생기면 두 번 반복되지 않게 화를 내야지, 라는 생각을 하고 있으면 그런 실수는 틀림없이 벌어졌고 화를 내야 하는 상황이 만들어졌다.

그러다 책을 읽으면서 이런 마음을 고쳐먹게 되었다. 인생 선배들의 말대로 모든 일에 긍정적인 생각을 가지고 이미 내가 운이 좋다는 생각을 하면서 사는 인생은 어떤지 한번 실험해보기로 했다. 그리고 입으로도 항상 나는 운이 좋다는 말을 반복했다. 식당에서 밥을 먹다가 옆 테이블의 누군가가 실수로 내 발에 물을 쏟으면 콜라를 쏟지 않아서 다행이라며 역시 나는 운이 좋다고 말했다. 재미있는 것은, 이런 말과 생각을 반복하다 보면 어느새 정말 운이 좋아지리라는 암시에 스스로가 걸려서 진심으로 그런 생각과 말이 나온다는 것이다.

이 암시가 얼마나 강했는지, 나 같은 경우에는 심지어 30대 중반에 갑상선암이 걸렸을 때도 나중에 기력 없을 때 암이 발병했으면 이겨내기도 힘들 것이고 항암 치료도 힘들었을 텐데 젊을 때 와서 다행이라고 생각하는 지경에 이르렀다. 또한 이런 병이 발병하지 않았으면 내 몸을 돌보지 않고 계속 일만 하다 더 큰 병을 얻었을 텐데 일찍이 와준 암 덕분에 젊은 나이부터 몸을 챙기는 습관을 가질 수 있었으니 오히려 운이 좋다고 생각했다.

"저는 운 좋은 케이스입니다"

나는 생각의 차이가 이렇게 사람의 마음을 바꿔놓을 수 있다는 것을 몸소 경험했다. 마음이 바뀌면 자세가 달라지고 스스로 좋은 기운을 발산해 운이 좋아진다. 내 경험은 적어도 이 점을 자신 있게 말할 수 있게 해준다. 당신도 한번 실천해보라. 말도 안 되는 운을 경험할 수 있을 것이다.

나에 대해 여러 채널을 통해 잘 알고 있는 사람을 처음 대면할 때면 꼭 듣는 질문이 있다. 평소에 나는 그런 질문을 받고 싶지 않아서 내가 무슨 일을 하는지 사람들에게 잘 이야기하지 않는 버릇이 있지만, 그런데도 많은 사람들이 소문으로 또는 지인을 통해 듣고 나에게 자주 묻곤 한다. 그 질문이란 바로 어린 나이에 어떻게 그 많은 종류의 사업을 하게 되었고 또 할 수 있느냐는 질문인데, 그때마다 내가 하는 대답은 "저는 정말로 운이 좋은 케이스입니다"로 정해져 있다.

이 말을 들으면 사람들은 겸손하게 말하지 말라고 손을 내젓지만, 이 말은 정말 내 진심이 담긴 답변이다. 나는 정말 운이 말도 못하게 좋은 사람이다. 운이 아니었으면 절대 여기까지 사업을 끌어올 수 없었다. 다만 아직 본인의 인생 주인이 되지 못한 사람들과 하나의 차이점이 있다면 그들은 운을 글자 그대로 운이라고 믿고 있지만, 나는 운을 직접 찾아서 가져올 수 있다고 믿었다는 점이다.

운은 자기 자신을
속이지 않는 것이다

운은 우리의 믿음에서도 오지만 우리의 생활 패턴 속에서도 온다. 사람은 남을 속일 수는 있어도 자기 자신을 속일 수는 없다. 삶에 충실한지 그렇지 않은지에 대해서는 스스로가 가장 정확하게 판단할 수 있다. 운은 삶에 충실한 사람에게 오게끔 설계되어 있다.

자기계발서에는 자기 자신을 속이지 말라는 말이 공통적으로 나온다. 이 말은 아침에 일찍 일어나라는 말과 동의어이고, 매사에 최선을 다하라는 말과 동의어이며, 사람에게 정도에 어긋난 거짓된 행동을 하지 말라는 말과도 동의어다.

내가 내 삶에 충실하지 않으면 절대 운이 붙지 않는다. 이 역시 과학적 근거는 제공하기 어렵지만 경험적 근거와 관찰적 근거에 의해 자신 있게 주장할 수 있다. 장사를 시작할 때 '대박집'이었던 매장의 사장님이 점점 매장에 소홀해지고 성실함을 잃어감에 따라 매출도 함께 쇠락하는 경우를 한 번쯤 본 일이 있을 것이다.

내 주변에는 사업 초기에 누구보다 성실하게 일했지만 사업이 성공 궤도에 오르자 일명 '회장님병'이 발병해서 나락으로 떨어지는 사람이 무수히 많다. 이 병은 발병하면 아침 일찍 출근할 수도 없게 하고, 외부 활동이 많아지게 하고, 유흥을 가까워지게 한다. 아침에 통화를 하려고 아무리 전화를 해도 도통 통화가 되지 않는다. 나는 그런 행동을 하는 사람이 있으면 체크해놓고 어떤 결과가 나오는지 유심히 관찰해왔다. 자기계발서들에서 말하는 논리가 정확한지 호기심이 발동했기 때문이다. 조금 더 솔직하게 말하자면 틀리기를 바랐다. 사람에게 한번 온 운이 생활을 나태하게 해도 계속 유지되는 것이라면, 나도 그들처럼 편안한 삶을 살아볼까 하는 바람도 조금은 있었다.

하지만 운이라는 녀석은 그런 생활이 지속되는 사람을 어김없이 떠나갔다. 이 경험 과학은 무서우리만치 정확했다. 집이 정말 잘사는, 흔히 말하는 금수저들은 생활이 나태해도 크게 무너지지 않는 경우들이 있지 않을까 생각할 수 있는데 자세히 살펴보면 그의 부모님은 누구보다 본인의 인생에 충실한 경우가 많다. 그의 자제가 잘사는 것은 결국 그 부모의 운이 남아 있기 때문인 경우가 많다.

인생의 성공은 운이 좌우한다. 우리의 치밀한 계획은 운 앞에 아무런 힘없이 무너질 수도, 바람을 타고 하늘을 날아갈 수도 있다. 운이 당신을 돕기 바란다면 지금부터 운이 좋은 사람처럼 행동하라. 그리고 아침저녁으로 "나는 운이 좋다"고 되뇌어보기를 바란다. 그러면 한 달 안에 이전에 비해 정말 운이 좋아진 자신을 만날 수 있을 것이다.

17
1년간 순이익 150%를 까먹어도 좋았다

새로운 사업을 할 때는 이 원칙을 지켜라

신차 리스 및 장기렌트 부서를 설립할 때의 일이다. 당시 시장에는 월 300대 이상 판매하는 경쟁사가 세 군데 정도 있었고, 100대 이상만 판매해도 중견기업 소리를 들을 수 있던 시절이었다. 우리 회사는 새로 시작하는 부서에 자금을 쏟기 전에 나를 포함한 임원 두 명이 함께 투입되어 프로세스를 잡는 것이 일반적인 절차였기에, 나와 임원 셋, 직원 둘이 새 부서를 시작했다.

새 부서를 설립하는 초반에는 내가 모든 프로세스를 직접 경험하고 틀을 잡아간다. 약 3개월 정도를 반복하면 대개 정확한 틀이 잡힌다. 기본적인 영업의 틀이 잡히면 그 이후부터는 머릿수가 필요하다. 한 사람이 할 수 있는 영업력의 한계치가 있으므로 사람이 많아야만 매출이 높아지기 때문이다.

이때 프로세스를 정확히 잡지 못한 상태에서 인원이 늘어나면 사업 자체가 고꾸라지기 쉽다. 따라서 인원을 늘릴 때는 근태 체크 방식부터 매출 정리, 손님과의 대면 프로세스, 사후 관리 프로세스까지 모든 프로세스를 기계화해놓고 시작한다. 그래야 비로소 조직이 커져도 흔들림이 없다. 마치 나무가 당장은 작아도 뿌리가 깊고 넓게 박혀 있으면 거목으로 성장하는 것과 같다.

100대를 팔아본 조직이 되는 게 급선무였다

프로세스를 만들고 나서 부서장을 한 명 세웠다. 내가 해당 부서장에게 처음으로 지시했던 사항은 무조건 신차 리스 및 장기렌트 판매량을 빠른 시일 안에 월 100대로 맞추라는 것이었다. 인건비나 광고비를 아끼지 말고 일단 기본적인 프로세스를 맞췄으니 이 틀대로 100대를 맞춰보고 다듬자는 주문이었다.

신차 리스 및 장기렌트 사업에서 중견기업이 되는 마지노선은 100대였으므로 무엇보다 이 수치를 달성하는 게 급선무였다. 어서 그 규모에 진입해야 입소문이 나고 업계에서도 인정받을 수 있었다. 이를 위해서 나는 부서장에게 인건비나 광고비를 아끼지 말고 공격적으로 접근할 것을 주문했다.

비록 어느 정도 출혈이 있겠지만, 회사를 빠르게 성장시키려면 100대를 팔아보는 조직이 하루 빨리 되어야만 했다. 이를 위해 나는 부서의 정산을 하지 않은 채 당분간 달리기로 결정했다. 나도 사람인지라, 중간에 손익계산서로 정산을 확인하게 되면 손해가 눈앞에 바로 보여 마음이 달라질 수 있었기 때문이다. 게다가 부서장도 위축되어 사업을 적극적으로 추진하기 힘들 수 있었다.

당시 나는 100대를 팔아본 조직은 금전적인 손해는 볼지언정 그에 합당한 데이터와 경험치는 얻을 수 있을 것이라 확신했다. 100대의 판매고를 올렸을 때 비로소 하루 안에 몇 대를 계약할 수 있고, 몇 명의 사람이 필요하며, 몇 건의 미팅을 해야만 하는지에 대한 데이터와 경험치가 고스란히 우리 것이 될 수 있었다. 그리고 이 경험치를 가지고 있는 것과 그렇지 않은 것은 천지 차이라고 생각했다.

앞으로 팔고
뒤로 손해봤던 장사

이렇게 공격적인 마케팅을 한 결과 신규 부서를 설립 후 약 11개월 만에 108대를 달성하는 데 성공했다. 경쟁사들이 100대를 달성하는 데 약 3년이 소요되었던 것을 감안하면 상당히 빠른 속도였다. 함께하는 파트너사들도 우리의 성과에 매우 놀랐다.

100대를 달성하고 나서 처음으로 회사 손익을 살펴보았다. 마이너스가 이만저만이 아니었다. 공격적으로 시장에 진입하자고 결정하고 앞만 보고 달리기로 경영 방침을 정한 것이었지만, 결과가 생각보다 참혹(?)했다. 앞뒤 가리지 않고 방만하게 경영한 것이 그대로 드러나는 순간이었다. 예상하지 못한 마이너스 규모에 나를 포함한 임원진과 부서장은 충격을 받았다.

특히 이 일을 주도적으로 추진한 나는 회사 대표로서 많은 깨달음을 얻었다. 공격적으로 마케팅을 하는 것이, 발 빠르게 시장에 진입하는 것이 급선무라고 생각했지만 이것이 가져오는 여파가 어느 정도일지 미리 예상 못 한 것이 패착이었다. 이 마이너스 폭을 다시 메우느라고 회사 전체가 1년은 고생한 것 같다.

손해를 감수해야 하는
사업도 있다

이 일을 계기로 신차 리스 부서는 다시 경영을 가다듬기 시작했다. 불필요한 지출은 줄이고 인사이동을 실시하고 영업직에 대한 상벌 규정을 강화했다. 다음 달 출고 대수는 줄어들었지만 오히려 손익은 조금씩 늘어났다. 정확히 표현하면 손익이 늘어난 것이 아니라 마이너스 폭이 점점 줄어들었다. 약 3개월이 지나 손익은 흑자로 돌아섰고 대수는 다시 100대를 되찾았다.

나의 이런 마이너스 성장 전략은 영업을 주로 하는 많은 사업부서에서 사용되고 있다. 초보 주방장이 칼에 베이는 것을 두려워하면 성장할 수 없는 것처럼 조직을 올곧게 성장시키기 위해서는 필요한 방법이라 생각한다. 현재 우리 회사의 신차 리스 및 장기렌트 부서는 지사들과 협업사를 포함하여 매월 1,500대씩을 판매하고 있다. 업계에서 현재는 가장 많은 판매 대수를 기록하고 있다.

손해를 만회하는 데 비록 오래 걸렸지만, 그래도 공격적으로 마케팅한 것을 후회하지는 않는다. 후발 주자인 우리가 시장에 이름을 알리려면 최단 시간에 렌트·리스 규모를 키우는 방법밖에 없었기 때문이다. 이는 렌트·리스 사업의 특성에 기인한다. 렌트·리스 사업은 캐피탈의 신용이 최우선이다. 캐피탈 업체는 규모로 업체의 능력을 파악하기 때문에 100대 렌탈 및 리스가 주는 내용 증명이 필요한 것이다.

150%를 날렸던 신차 리스 부서는 이제 ㈜지엔에이의 주요 사업부로서 시장에서 안정적으로 자리를 잡았다.

비록 1년간 앞으로 팔고 뒤로 밑지는 사업을 했지만, 이런 전략 덕분에 신차 리스·렌트 사업은 급속한 성장세를 이룰 수 있었고, 현재 월 1,500대로 업계 1위를 달리고 있다. 1년간 회사 순이익의 150% 정도를 까먹었지만, 현재 이 신차 부서는 회사 전체 매출에 지대한 공헌을 하고 있다. 과거로 돌아갈지라도, 나는 이렇게 할 것이다.

18
긍정이 결과를 바꾼다

사람을 끄는 가장 확실한 에너지

긍정의 에너지는 사람을 끌어들인다. 아이러니하게도, 부정적인 사람들조차 긍정적인 사람을 좋아한다. 스스로 타인에게 매력적으로 보이고 싶다면 긍정적인 사람이 되면 된다. 사람이 매력적이면 일도 붙는다. 공식은 아주 간단하다. 그렇다면 자신이 긍정적인 사람이라는 것을 상대에게 어떻게 알게 할 수 있을까? 그것은 아주 쉽다. 오로지 긍정적인 말을 하는 것이다.

우리가 긍정적인 가치관을 가지고 있다는 것을 상대에게 행동으로 설명하려면 상당히 오랜 시간이 걸린다. 더구나 상대가 나를 진지하게 관찰하지 않는다면 우리가 행동으로 긍정을 표현하려고 노력해도 전달되지 않는 경우가 많으므로 굉장히 어렵다. 그러나 문장의 단어만 몇 개 바꾸는 것만으로도 이런 메시지는 쉽게 전달된다. 우리는 상대방이 긍정적인 사람인지 그렇지 않은지에 대해 대부분 그 사람의 언어로 판단하게 된다는 것을 알아야 한다. 그리고 이 판단은 실제 우리 인생 전반에 굉장히 큰 영향을 미친다.

자신감 있는 사람과 아닌 사람의 차이는 자기긍정성

긍정적인 단어란 무엇일까? 이를 구별하기 위한 방법이 몇 개 있다. 우선 몇 가지 아주 극명한 차이를 보여서 누구나 이 단어가 부정적이고 긍정적인지 확인할 수 있는 것들이 있다. 예를 들면 '싫다와 좋다', '미워한다와 사랑한다'처럼 서로 상반되는 의미로 짝이 지어지는 단어는 의식적으로 긍정적인 표현을 하려고 노력하면 누구나 쉽게 고칠 수 있는 단어들이다.

반면에 단어와 단어 사이의 차이가 미묘해서 이 단어가 자신에게 부정적인지 긍정적인지 인지하기 어려운 단어들이 있다. 나는 이런 단어가 있다는 사실을 한 연기학원에서 일반인을 대상으로 연기 수업을 하는 어느 강사님으로부터 들었다. 그 강사님이 말하기를, 연기자들은 사람을 관찰하는 연습을 많이 하기 때문에 일반인보다 사람의 대화나 표정에 민감하다면서 연기를 잘하는 배우일수록 사람에 대한 관찰력도 뛰어나다고 했다.

그 강사님은 나에게 본인의 성격이 어떤 편인지 깊게 생각하지 말고 당장 떠오르는 대로 한 줄로 말해보라고 했다. 뭐라고 표현해야 멋이 있을지 고민하고 있는데, 강사님은 시간을 들이면 안 된다며 답변을 재촉했다. 나는 별수없이 "저는 냉철합니다. 감정에 잘 휩싸이지 않는 편입니다"라고 대답했다. 좀 더 멋있는 대답을 찾았어야 했다는 후회가 밀려오던 순간 강사님으로부터 "역시 긍정적이시군요"라는 답변이 돌아왔다. 나는 고마운 말이긴 한데 도대체 어느 부분이 긍정적인지 잘 모르겠다고 답했다. 그러자 강사님은 이렇게 말했다.

"제가 관찰한 바에 의하면 자신감에 차 있는 사람들은 자신의 성격을 대부분 긍정적인 단어로 표현합니다. 처음 보는 사람에게 저는 우울한 사람이에요. 저는 비관적인 사람이에요라고 말하는 경우는 없어요. 하지만 이런 차이가 있습니다. 자신에 대해 부정적인 사람은 자신을 내성적이거나 소심하다고 표현하지만 긍정적인 사람은 자신이 사려 깊은 성격이라고 표현합니다. 또 자신을 다혈질이라고 표현하는 경우도 있고 자신을 추진력이 좋다고 표현하는 경우가 있어요. 재미있게도 이들의 성향은 비슷합니다. 지금 대표님이 이야기한 '나는 냉철하다'는 표현을 어떤 이들은 나는 이기적이다, 나는 자기중심적이다, 나는 차갑다라고 표현해요. 하지만 사실 그들의 성향은 다 비슷하죠. 이 미세한 차이가 인생에는 상당히 큰 작용을 한다고 전 생각합니다."

긍정을
습관화하자

그 뒤로는 나도 다른 사람을 만나면 가끔씩 위와 같은 질문을 던지고는 깊이 생각하지 말고 답변하라고 재촉하곤 한다. 그러면 재미있게도, 성공가도를 달리고 있는 사람들의 입에서는 미묘한 차이의 부정적인 답변이 나오는 경우가 전혀 없다. 긍정적으로 말하는 것은 대단히 중요하다. 우선 입으로 뱉어내기 시작하면 재미있게도 스스로가 긍정적이 된다. 나는 지금 하루에 단 한 번도 부정적인 표현을 하지 않으려고 노력한다. 혹여나 부정적인 말을 입 밖에 내는 경우가 있으면 바로 취소한다고 말한다.

'힘들어 죽겠다' 같은 종류의 상투적인 부정적 표현을 특히나 조심해야 한다. 긍정의 말을 습관화하면 처음에는 입에서 나오는 단어만 바뀌는 것처럼 보이지만 시간이 지날수록 자신의 생각이 긍정적으로 바뀌는 것인지 아니면 자기 주변이 정말 긍정적으로 바뀐 것인지 구분하기 어려울 만큼 주변에 긍정적인 일들만 넘치는 것을 확인하게 될 것이다.

19

옷차림이 신뢰를 만든다

사기는 아는 사람에게 당한다

생판 모르는 사람에게가 아니라 가까운 사람에게 사기를 치는 이유는 무엇일까? 원인은 신뢰도에 있다. 신뢰도가 전혀 없는 상대에게 신뢰도를 새로 쌓고 기망을 하기보다는 오랜 기간 신뢰를 쌓았던 사람에게 기망을 하는 편이 훨씬 수월하기 때문이다. 당하는 사람 역시도 과정에서 의아한 순간순간이 있었지만 사람에 대한 신뢰도 때문에 이를 묵과하다 일을 그르치는 경우가 많다. 그만큼 신뢰도는 사람의 판단력을 흐릴 정도로 막대한 영향을 미친다는 것이다.

성공한 사업가나 직장생활을 잘하는 사람들은 대부분 주변 사람들에게 높은 신뢰도를 얻고 있다. 영업을 하더라도 같은 상품을 다른 이에게 사는 이유는 그 사람이 보다 높은 신뢰도를 보여줬기 때문일 가능성이 높다. 이 사람이 직접적인 도움을 준 적이 없다고 하더라도 문제를 만들지 않을 것 같고, 문제가 발생해도 도움을 줄 것 같은 사람에게 마음이 가는 것이다.

사업도 마찬가지다. 가장 중요한 비즈니스 미팅에 임원 혹은 대표이사가 나가는 것은 그만큼 상대에게 신뢰를 보여주기 위함이다. 가장 중요한 결정권자가 직접 사인을 함으로써 더 이상 이 계약에 변동이 없을 것임을 암시하는 것이다.

오랜 기간 우리와 알고 지낸 사람들은 우리의 성향을 잘 안다. 그리고 지내온 시간이 길면 길수록 여러 가지 모습으로 우리가 신뢰할 수 있는 사람임을 보여주었을 것이다. 신뢰도를 높일 수 있는 가장 확실한 방법은 함께한 시간이다. 하지만 이는 만남의 기간이 찰나에 불과한 비즈니스 상황에서 상당히 사용하기 어려운 방법이다. 이렇게 시간을 사용하지 않고 짧은 시간 안에 신뢰도를 높일 수 있는 노하우가 있다면 성공적인 사업과 인간관계를 모두 이룰 수 있을 것이다. 그렇다면 그 방법은 무엇일까?

이미지 메이킹은
3인칭 시점으로

짧은 순간에 신뢰도를 높이기 위해서 우리는 첫 인상부터 신뢰가 가는 사람으로 이미지를 메이킹해야 한다. 이미지를 메이킹한다는 것은 단순히 가식을 보이라는 이야기가 아니다. 옷차림, 걸음걸이, 제스추어, 표정 등 전반에 걸친 외모를 틀에 맞추고 성량, 어조 등 말투에서 신뢰도를 높일 수 있게 연습해야 한다. 구태여 스피치 학원이나 연기학원을 다니지 않아도 자신이 생각하기에 가장 신뢰가 가는 사람을 떠올리는 것으로 충분하다. 우선 평소에 자신이 가장 높게 신뢰할 수 있는 롤 모델을 평가한다. 롤 모델은 우리 주변의 사람이어도 되고 나와 한 번도 만난 적 없는 해외의 유명인도 가능하며, 이미 이 세상에 없는 위인들도 가능하다.

일단 롤 모델을 확정했다면 평소 그의 생활양식과 사고방식, 위기에 대처하는 모습, 사람을 대하는 모습 등을 상상하고 학습한다. 반드시 옆에서 보지 않아도 우리가 그에게 바라는 모습을 상상하는 것으로 충분하다. 그리고 어떤 상황에 처했을 때 나의 성격대로 말하고 행동하기 전에 잠깐이라도 나의 롤 모델이 이 상황에 있었더라면 어땠을까 하는 생각을 해보면 된다.

그렇게 하면 순식간에 지금 내가 처한 상황이 2인칭 시점이 아닌 3인칭 시점으로 줌아웃되면서 보다 객관적으로 상황을 볼 수 있게 되고, 어떻게 행동하는 것이 보다 객관적으로 신뢰도를 높일 수 있는지 쉽게 판단할 수 있다. 이는 가장 손쉽게 우리의 신뢰도를 제고할 수 있는 방법이다.

복장 자체가 이미지가 되게 하라

그다음으로 신뢰도에 영향을 주는 것은 복장이다. 특히 짧은 순간의 신뢰도를 결정짓는 것은 거의 외양으로 나타나는 복장이라고 해도 크게 틀리지 않다고 나는 믿는다. 최근 젊은 기업들은 복장 자율화를 도입해 틀에 박힌 모습에서 벗어나 사고의 전환을 이루려는 노력을 많이 하는데, 그런 노력의 이면에 말끔한 슈트 차림의 복장을 틀에 박힌 모습으로 치부하는 것은 조금 아쉽고 부당하다는 생각이 든다.

2019년, 어느 강연 자리에서 복장의 중요성에 대해 설명하는데 한 분이 스티브 잡스의 청바지 프레젠테이션을 예로 들며 지나치게 격식을 갖춘 복장은 시대에 뒤떨어진 발상이 아니냐고 질문을 해왔다. 그래서 "그렇다면 스티브 잡스가 진정한 복장 자율화를 표현하기 위해 프레젠테이션 자리에 나시 티와 슬리퍼를 신고 나왔다면 어땠겠습니까?"라고 묻자 질문자는 아무 말을 하지 못하고 자리에 앉았다. 잡스가 청바지와 검정색 폴라를 입고 프레젠테이션에 임해도 신뢰를 잃지 않을 수 있었던 것은 이미 오랜 기간 검증된 그의 업적과 증명된 실력이 뒷받침을 해왔기 때문이며, 해당 복장이 그에게 하나의 신뢰도 높은 정복으로 자리 잡혔기 때문이다.

스티브 잡스에게 검정 폴라와 청바지는 여전히 애플 CEO는 건강하고 스마트하다라는 표현의 아이콘이 되었다. 이는 복장과 신뢰를 무관하다고 결론짓는 진정한 의미의 복장 자율화와는 거리가 멀다.

오히려 잡스의 프레젠테이션 복장은 하나의 이미지 메이킹 요소로서 청중과 구매 예정자들의 신뢰도를 더하는 요소가 되었다고 보는 것이 맞다.

성공한 사람들은 자기만의 틀이 있다

이처럼 틀에서 벗어나 자유로워 보이는 사람들도 면밀히 살펴보면 그들만이 지키고 있는 틀이 있다. 특히 성공한 CEO들일수록 자신이 정한 틀과 룰을 지킨다.

남성 패션 매거진 편집장으로 《성공하는 남자들의 옷차림 전략》을 쓴 도가 히로쿠니는 옷차림만으로 인생이 달라진다면서 성공한 남자들이 자신을 유능한 비즈니스맨으로 표현하는 방법을 소개하기도 했다. 미국 대통령 도널드 트럼프도 "모든 사람은 진지한 사람과 만나기를 원한다. 당신의 옷차림이 진지하지 못하다면 환영받지 못한다"고 말하기도 했다고 저자는 전한다.

어떻게 하는 것이 신뢰를 높일 수 있는지 판단하기 어려울 때는 상황에서 잠시 벗어나 롤 모델을 놓고 행동을 관찰하면 방향을 잡기가 쉽다. 찰나의 신뢰를 우리에게 가져올 수 있다면 우리의 인생은 보다 윤택해질 것이다.

20
적을 만들지 않는 게 최선의 사업 수완이다

"어떻게 욕하는 사람이 하나도 없습니까?"

나는 적이 없기로 정평이 나 있다. 어느 모임에서든 내가 가장 많이 듣는 이야기가 있다. 바로 "하 대표님은 어떻게 뒤에서 욕하는 사람이 하나도 없습니까? 하 대표님을 욕하는 사람을 만난 적이 없어요. 어떻게 그럴 수 있죠?" 같은 말이다.

이것은 결코 우연이 아니다. 내가 적을 만들지 않기 위해 철저하게 촉각을 곤두세운 결과다. 나는 나의 행동이 상대로 하여금 적화(敵化)되지 않게 하려고 끊임없이 연구하고, 그런 상황을 피하기 위해 조심하고 또 조심한다.

인생을 사는 일도 마찬가지겠지만, 사업을 하다 보면 더더욱 가장 힘든 일 중 하나가 바로 적을 만들지 않는 일이다. 사업이라는 행위 자체가 난관과의 싸움이며 돌파의 연속인데, 이때 적까지 나타나 죽기 살기로 나를 옭아맨다면 여간 힘든 게 아니다. 그나마 상대가 나를 힘들게 해서 무언가 이득을 취하려고 하는 경우라면 낫다. 정말 무서운 적은 본인에게 아무런 이득이 없는데도 그저 내가 싫어서 나를 공격하는 경우다. 이런 유형은 달랠 수 있는 방법이 없는 데다가 잘 지치지도 않는 특성이 있어서, 사업을 곤경에 빠뜨리는 최악의 걸림돌이 된다.

적만 없어도
반은 성공이다

그렇다면 적은 왜 생길까? 남한테 아무런 피해를 주지 않고 자기 할 일만 조용히 하면서 산다면 적이 생길 이유가 없지 않을까? 이렇게 단순하게 생각할 수 있지만 현실은 그렇지 않다. 당신이 쥐죽은듯이 할 일만 묵묵히 한다고 해도 적은 생겨날 수 있다.

잘되면 잘되는 대로, 안 되면 안 되는 대로 그에 걸맞은 적이 생겨난다. 당신이 틀린 말을 할 때도 적이 생겨나지만 맞는 말을 할 때 오히려 더 많은 적이 생겨날 수 있다는 것을 염두에 두어야 한다.

적을 만들지 않는 방법은 남에게 해악을 끼치지 않는 것이 아니다. 적 자체를 만들지 않기 위한 세심한 기술을 습득하고 있어야 한다.

적이 있다면
먼저 찾아가라

열심히 일에 매진해서 좋은 성과를 거두는 일은 좋은 현상이다. 본인에게도 좋고 남들에게도 귀감이 될 수 있다. 하지만 세상에는 이러한 성공을 응원하기보다는 시샘하는 사람이 훨씬 많다는 사실을 알아야 한다.

비슷한 출발선에 있던 사람의 성공은 동료로 하여금 상대적 박탈감을 갖게 한다. 그 박탈감이 어떤 이에게는 더욱 열심히 일하게 만드는 원동력으로 작용하지만, 어떤 이에게는 그것과는 별개로 먼저 성공한 사람을 미워하게 만드는 원인으로 작용하기도 한다. 이것이 무서운 이유는, 본인이 타인에게 아무런 피해를 주지 않은 상태에서도 적을 만들게 된다는 것이다.

'구더기 무서워서 어디 장 담그겠나? 이런 것까지 신경 써야 해?' 라고 생각하는 사람도 있을 수 있다. 그러나 나는 적을 만들지 않는 편이 적을 만들어 사업에 걸림돌이 되는 것보다 훨씬 현명한 길이라고 생각한다. 그래서 나는 이런 일이 불거질 것 같으면 맨 먼저 이전에 나와 경쟁하던 경쟁자들이 누구였는지부터 확인한다. 그리고 그들 중 나와 가까운 사람을 추려 경쟁심이 많은 순서대로 리스트업해본다.

목록에서 가능한 후보군이 나오면 가장 먼저 그에게 연락을 취하고 만나줄 것을 요청한다. 경쟁자 구도에 있는 사람들은 이렇게 먼저 전화를 하고 만나달라고 요청하는 것만으로도 마음이 많이 누그러진다. 성공한 경쟁자가 먼저 안부의 인사를 올리는 것만으로도 상대적 박탈감이 조금이나마 위로되기 때문이다.

0.1%의
숨은 공신들을 찾아라

상대 경쟁자를 위로했다면, 이번에는 주변의 조력자와 숨은 공신들을 찾는다. 사업을 하다 보면, 나의 성공에 본인이 지대한 영향을 끼쳤다고 믿는 사람들이 의외로 많이 있음을 알게 된다. 이를테면 사업 아이템에 대해 처음으로 알게 해준 사람이나 내가 해당 분야에 뛰어들기까지 이런저런 상담을 해준 사람, 함께 일할 때 조금이나마 도움을 주었던 이들이 그렇다. 그들의 도움이 절대적이지는 않았어도, 이런 조력자들을 빠짐없이 챙기는 것이 좋다.

이때 '챙김'은 반드시 금전적인 보상을 이야기하는 것이 아니다. 돈이라는 것은 기분 좋다고, 선심 쓰고 싶다고 아무 때나 꺼내드는 카드가 되어서는 안 된다. 금전적인 보상은 보상을 받을 만한 역할을 충분히 했을 때 지급되어야 하기 때문이다.

금전적 보상까지의 조력은 아니더라도, 조금이라도 도움을 받았다면 감사의 마음을 충분히 전달하고 성심성의껏 인사를 전해야 한다. 많은 사람들이 이 간단한 말 한마디를 못해서 불필요한 적을 많이 만들어내는 것을 많이 봐왔다. 반대로, 감사하다고 하기는커녕 그들의 도움을 모른 척하거나, 도움받은 적이 없다며 그들에게 면

박을 주는 경우도 보았다. 설사 그들이 우리의 결실에 미친 영향이 0.1% 정도밖에 되지 않을지라도 도움은 도움이라고 생각하자. 0.1%도 영향은 영향이고 도움은 도움이 맞으니까.

내 경험에 의하면 누가 봐도 크게 도움주지 않은 사람에게도 감사하는 모습을 보여주는 것은 그 사람을 높이기보다는 오히려 나를 높게 만들었다.

'옳은 말실수'도 엄연한 실수다

세 치 혀가 사람 잡는다는 말이 있다. 그만큼 말을 조심해야 한다는 의미다. 사람은 말을 할 때 적을 만들기 쉽다. 상대에게 상처주는 말, 무시하는 말 등을 하면 상대가 적이 된다는 것은 당연한 상식이다. 일부러 이런 말을 하는 경우는 상대를 적으로 돌리겠다는 의사표시나 다름이 없기 때문에 서로가 이후의 적화를 충분히 예측하고 행동할 수 있다.

하지만 때로는 상대를 위해서 한 말로 인해 상대가 적으로 돌아서는 경우가 있다. 이런 경우 상대만 다음 상황을 예측할 뿐 나는 전혀 예측할 수 없기 때문에 나도 모르게 나쁜 사람이 되는 수가 생긴다.

가까운 사이였는데 어느 날 갑자기 멀어져서 이유를 떠올려보려 해도 떠오르지 않는다면, '옳은 말실수'를 하지는 않았는지 되짚어볼 필요가 있다. 사실에 입각한 충고는 상대가 받아들일 마음의 준비가 되었을 때 해야 하는 것이다. 상대가 전혀 받아들일 마음의 준비를 하지 않았는데 무턱대고 상대의 단점이나 개선해야 할 점을 지적하는 것은 무책임한 일이다.

이는 상대를 위한다고 말하지만 실상은 상대를 위함이 아니라 본인의 말하고 싶은 답답함을 참지 못해 하는 짓일 뿐이다. 정말 상대를 위해 개선점을 말하는 사람들은 우선 최대한 상대가 받아들일 수 있는 상황을 만들기 위해 노력하기 때문이다.

상대에게 전해지지 않는 진심은 충고가 아니다

우리 회사의 임원 중에 외모에 통 신경을 쓰지 않는 사람이 한 명 있었다. 내 오랜 친구이기도 한 그는 젊은 시절 멋쟁이로 불릴 정도로 멋을 잘 냈던 이다. 그런데 근래에는 외모에 대한 모든 것을 내려놓은 듯 머리도 덥수룩하고 옷도 대충 걸쳐 입고 다녔다.

나는 '이 친구야, 젊을 때는 잘 꾸미고 다니더니 왜 이러고 다녀? 지금은 외모도 경쟁력이야. 게다가 외부 약속도 많고 당신이 하는 일이 다 영업인데, 그렇게 다니는 것 자체가 우리 회사 얼굴을 깎는다는 사실을 모르나?'라는 말이 입 밖으로 나오는 것을 몇 번이나 참으며 속을 달랬다. 내가 그 친구에게 외모를 지적하는 이유는 그가 개선되기를 원하기 때문이지 내 답답함을 해소하거나 그 친구에게 상처주기 위함이 아니었기 때문이다.

고민에 고민을 거듭하다 친구의 아내에게 연락을 했다. 그러고는 조심스레 본론을 꺼냈다. 친구의 아내는 내 말의 진의를 잘 이해해주었다. 다음 날부터 친구의 외모가 말끔해졌음은 물론이다. 만약 내가 신중하게 접근하지 않고 친구가 편하다는 핑계로 외모 지적을 했다면, 이런 부드러운 결과는 나오지 않았을 것이다.

많은 사람들이 왜 그 사람을 위해서 충고를 하는데 화만 내고 듣지는 않는지 모르겠다고 토로하곤 한다. 그럴 때면 나는 그에게 잠시 시간을 두고 스스로 어떻게 행동했는지를 되짚어보라고 권유한다. 상대에게 당신의 충고가 잘 들리도록 하기 위해 당신은 어떤 노력을 했는지를 곰곰 생각해보라고 하면서……. 명심하자. 옳은 말이라고 해서 상대가 무조건 옳게 받아들일 것이라는 생각은 착각이다.

21
직원이 있음에 감사하라

"안 되면 다음 생애에 하면 된다"

1993년부터 2004년까지 일본에서 누계 납세액 1위를 기록했던 사이토 히토리는 《부자의 운》에서 "사람에게 뭔가를 가르치는 일은 같은 말을 400번 반복할 수 있느냐 없느냐에 달려 있다"고 했다. 그는 "400번 가르쳐서 안 되면 900번, 900번 해도 안 되면 1,500번, 그래도 안 되면 '다음 생애에 할 수 있으면 된다'고 생각하는 게 훨씬 마음이 편하다"고 했다.

내가 회사를 처음 시작했을 때, 사업이라 부르기도 민망스러울 정도의 작은 규모일 때가 오히려 직원들을 통솔하기 좋았었다. 식구가 몇 명 되지 않으니 직원들의 작은 대소사도 알 수 있었고, 인간적으로 밀접한 관계를 가짐으로써 끈끈한 유대감이 형성되었다. 또한 위급한 상황이 발생하면 내가 바로 고충을 듣고 직접 달려가서 처리할 수 있으니 위기관리에 대한 대비가 신속했다.

하지만 회사가 조금씩 커짐에 따라 개개인의 대소사를 챙기기보다는 전체적인 시스템을 만들어 운영하게 되고, 몇몇 부서장 혹은 팀장급들과만 소통하게 되면서 그런 위기관리 능력이 현저하게 떨어졌다. 그런 데다가 영업력 역시 이제 나의 영업력이 아닌 회사 내 임원 및 팀장급들의 영업력이 보다 중요하게 되면서 높은 벽에 부딪힌 기분이었다.

나도 누구한테 배워서 영업을 한 게 아니고 회사 생활을 해본 적이 없다 보니 시스템을 잡기도 힘들었고, 많은 직원을 어떻게 가르쳐야 할지 막막했다. 직원이 적을 때는 한 명, 한 명 대화를 나눠보고 개개인의 역량을 파악해서 맞춤형으로 교육을 할 수 있었다. 그래도 이해력이 떨어지는 직원은 데리고 다니면서 어떻게 하는 건지 실전을 계속 보여주고 그래도 안 되면 아예 영업을 대신 해주는 방법도 가능했다. 하지만 조직이 커짐에 따라 이러한 교육 방식이 점점 먹히지 않는 것을 알게 되었다. 이제 직접적으로 교육을 하고 싶어도 그럴 수 없고, 실전을 보여주고 싶어도 그럴 수 없는 상황에 처하게 되었다.

그렇게 되니 이제 임원들과 팀장급 직원들을 통해 간접적으로 직원들을 교육해야 했는데 그게 영 마음에 차지 않았다. 영업을 하는 방법을 아무리 설명해도 매출은 떨어질 뿐이었고, 어떤 부서는 나 혼자 하던 일을 여러 명에게 분배했음에도 반 토막 나는 경우도 있었다. '왜 도대체 나처럼 하지 않지?'라는 고민은 밤잠을 이루지 못하게 했다. 급여를 더 주면 될까 싶어서 급여도 올려보고, 인센티브를 주면 될까 싶어서 인센티브로 전환도 해보았다. 아무리 그렇게 해도 몇몇을 제외하고는 내가 느끼기에 '내 일'처럼 해주지 않았다. 나는 보통 일요일까지 쉬지 않고 일을 해왔고, 지금도 그렇게 하고 있으니 사실 요즘 같은 시대에 나처럼 일해주길 바라는 것은 욕심이고 그만큼은 바라지도 않았다. 그저 흉내라도 내줬으면 하는 바람이었다.

왜 본인들의 회사인데 일에 대한 열정이 이 정도밖에 안 되는지 도무지 이해가 되지 않았다. 어떤 방법을 써야 모든 조직원들의 열정을 불사를 수 있는지 고민하고 또 고민했다.

그러던 와중에 일본 개인 소득세 납부 1위, 그것도 주식과 부동산 소득이 아닌 오로지 사업소득세만 납세액 1위를 기록한다는 사이토 히토리의 책을 접하게 되었다. 책장을 펼치기 전만 해도 '사업에 도가 튼 이런 사람의 책에는 뭔가 직원들을 응집시키고 열정에 불을 지필 수 있는 비결이 있을 거야!'라고 생각했는데 그 책에서 접한 문구가 바로 앞의 문구였다. 그 순간 망치로 머리를 한 대 맞은 것처럼 멍해졌다.

떨어진 휴지를 아무도 줍지 않았다

일본 소득세 납부 1위의 노인, 사업을 50년 이상 훌륭하게 이룩해온 어른도 나와 똑같은 고민을 한다는 것을 깨닫고 나니 그동안의 스트레스가 얼마나 무의미한지 깨닫게 되었다. 그런 생각의 전환을 갖게 된 며칠 뒤, 회사에서 운영하는 카페를 방문했을 때 바닥에 휴지 뭉치가 있는 것을 발견했다. 직원들과 손님들이 자주 오가는 매장 한가운데였기 때문에 얼른 치우려다가 이내 멈췄다. '사장의 눈에 보이는 휴지가 직원들의 눈에는 보이지 않는다'라는 누군가의 말이 사실인지 궁금한 마음에 실험을 해보았다.

나는 일부러 그 휴지가 있는 복도 옆 테이블에 앉았다. 나는 청결에 대해 자주 지적하는 사장이기에 아무래도 직원들은 내가 있는 주변부터 치우곤 했다. 그래서 휴지를 치울 확률이 올라갔다. 이전 같으면 직원을 불러서 이런 걸 왜 바닥에 굴러다니게 하냐고 화를 내거나 내가 주워 들고 내려가서 직원들에게 호통을 쳤을 것이다. 이런 일련의 행위를 하는 이유는 궁극적으로 '설마 내가 없을 땐 아무도 안 치우는 거 아니겠지? 다음부터 바닥에 휴지가 떨어지면 제발 빨리 치워줘'라는 메시지를 전달하기 위함이다. 평안하게 말을 하면 보다 설득력이 떨어지지 않을까 하는 생각 때문에 강하게 말하는 것이다.

약 50분 정도가 흘렀다. 많은 직원들이 오갔고 몇몇은 지나면서 나에게 음료도 가져다주고 인사도 건넸지만 결국 바닥에 있는 휴지를 보지 못했다. 결국 나는 내 손으로 휴지를 주워다 쓰레기통에 집어넣고 그 즉시 표를 하나 만들어서 바에 붙였다. 표는 30분에 한 번씩 바닥의 휴지나 쓰레기를 체크하고 누가 체크했는지 이름을 적도록 만들었다. 매니저는 30분에 한 번씩 알람을 맞춰놓고 직원 한 명을 보내 바닥에 쓰레기가 떨어졌는지 살펴보도록 했다. 그 이후로 매장 바닥에 휴지가 떨어져 있는 일은 없었다. 우리가 조직을 꾸리다 보면 팀원들이나 직원들이 내 마음 같지 않을 때가 종종 있다. 그럴 때 서로 스트레스를 받아가면서 언성을 높이는 방법보다는 어떻게 하면 시스템을 잡아서 업무를 누락하지 않도록 할지 상의해보는 것을 권장한다.

우리 부서장들이 가끔 내게 직원들의 역량 부족에 대해 토로하면 나는 이렇게 말을 건넨다.

"팀장님. 그러니까 팀장님 아래에서 직원으로 있어주는 겁니다. 직원이 그렇게 하는 건 당연한 겁니다. 같은 말을 400번 반복해보시고 그래도 안 되면 900번 반복해보시고 그래도 안 되면 1,500번, 그래도 안 되면 다음 생애에 다시 말씀해보세요. 같은 말을 화내지 않고 반복할 수 있는 능력이 저희 관리자들의 가장 큰 덕목입니다."

22 확실하게 내려놓고 위임하라

조직은 혼자 굴러가지 않는다

조직은 혼자서 굴러가지 않는다. 개별적으로 움직이지 않고 머리를 중심으로 천천히 그리고 크게 동선을 그리며 움직이기 때문에 조직이 커지면 커질수록 움직임이 느려지고 행동반경은 점점 넓어진다. 한 사람이 자라 어른이 되듯 조직도 유아기, 청년기, 장년기를 겪으며 성장하는 유기체와 같다. 조직이 커지면 처음에는 한 명의 결정권자로 충분했던 것이 점차 여러 명의 결정권자를 필요로 하게 된다.

경영 이론에 따르면 한 사람의 메인 리더가 조직원들 개개인을 상대하며 컨트롤할 수 있는 규모는 30명이 최대치라고 한다. 그 이상

이 되면 직접적으로 전 조직원을 상대하기보다는 소규모로 조직을 나눠서 소 조직에 대한 서브 리더를 만들고 그들을 통해 메인 리더가 소통하는 것이 효율적이다. 물론 이때에도 필요에 따라 메인 리더가 이따금씩 모든 조직원들과 소통하면 좋다. 메인 리더는 때로는 서브 리더들을 통하지 않고 하위 조직원들과 직접 소통하며 그들의 환심을 사고 애사심을 높이며 때로는 서브 리더들을 긴장시킨다.

조직이 커갈수록
메인 리더는 외롭다

조직이 더욱 성장해서 100명이 넘어가면 그때부터 메인 리더는 하위 조직원들과 소통할 기회가 거의 없어진다. 그러다 아예 200명이 넘어가면 소통할 기회가 없어지는 차원을 넘어서, 가능하면 소통 자체를 피해야 한다. 조직이 클수록 메인 리더가 하부 조직원에게 직접 업무를 지시하고 때로는 잘못을 지적하는 것이 긍정적인 효과보다 부정적인 효과를 주기 때문이다. 칭찬을 하더라도 마찬가지다. 특정 직원에 대한 칭찬은 해당 직원의 사기를 북돋는 긍정적인 효과보다는 주변에 소외된 사람의 사기를 떨어트리는 부정적인 효과가 훨씬 크다고 경영학 이론가들은 말한다. 그래서 조직이 성장하면 성장할수록 아이러니하게도 조직의 메인 리더는 소통할 사람이 점점 줄어들고 외로움은 점점 늘어간다.

주변에서도 회사가 창립할 시기에는 성격도 활발하고 직원들과 늘 즐겁게 어울렸던 대표들이 조직이 커짐에 따라 차츰 얼굴에서 웃음기가 사라지고 포커페이스가 되어가는 것을 어렵지 않게 볼 수 있는 이유도 바로 이 때문이다.

서브 리더를
키워라

조직이 점점 대형화됨에 따라 메인 리더가 하위 조직원들과 소통할 수 없어진다면 조직의 문제점 발견이나 비전 제시 등을 어떻게 해야 할까? 메인 리더는 조직원들과 어떻게 소통해야 효율적일까? 해답은 서브 리더에게서 찾아야 한다. 이때는 메인 리더가 직접 말하고 직접 움직이기보다 주차별로 정기 보고를 받고 긴급 상황에 대한 즉각적인 보고를 받으면서 일처리를 해나가면 된다.

사람이 타인에게 절대적인 신뢰를 갖는 것은 매우 어려운 일이다. 특히 그 타인이 나보다 하위 조직원이거나 후배인 경우는 더욱 그렇다. 계속 자신의 조력자로 있던 사람에게 자신이 하던 대부분의 의사결정을 맡기기란 여간 어려운 일이 아니다. 많은 사람들이 이 때문에 조직을 키우지 못하고 어느 한계선에서 적정 규모의 사업을 유지한다. 이 한계선을 돌파하기 위해서는 조직의 일정 부분 혹은 모든 부분을 확실한 서브 리더에게 위임해야 다음 성장을 도모할 수 있다. 앞에도 말했듯, 조직은 하나의 유기체와 같아서 메인 리더가 어느 한 지점에만 계속 머물러 있으면 더 이상 성장하지 못한다.

한쪽 면에서 원하는 수준의 성장을 일구어냈다면 그 부분은 확실히 서브 리더에게 맡겨라. 그렇게 권한을 이동해야 거대한 조직이 유기적으로 굴러갈 수 있다.

권한을 내려놓을 때는 전폭적으로 한다

그런데 메인 리더들은 권한을 이양하기가 불안하기만 하다. 그래서 자꾸만 되돌아와서 서브 리더에게 간섭을 한다. 서브 리더가 자기가 했던 반 정도만 따라 해줘도 만족하겠는데 메인 리더의 눈에는 반도 안 되는 것처럼 보이기 때문이다. 특히나 대부분의 자수성가형 메인 리더들은 일에 대한 정열이 남다르다. 이는 무에서 유를 일궈온 창업주만 가질 수 있는 열정이라고 생각한다.

메인 리더가 일에 대한 열정도가 높을수록 소화하던 업무량이 많고 권한이양도 더욱 어려워진다. 하지만 어설픈 권한이양은 하지 않음만 못하다. 하위 직원들 앞에서 서브 리더를 혼내는 메인 리더들이 있는데, 이는 조직원들로 하여금 서브 리더의 신뢰를 잃게 하고, 결국 애사심을 떨어트린다. 이런 대우를 받은 서브 리더들은 스스로 조직 내 위신을 세우기 위해 하위 조직원들에게 부드러운 대화보다는 강압적인 화법을 사용하게 된다.

그래서 권한을 넘겨주려면 확실하게 넘겨줘야 한다. 서브 리더는 메인 리더가 넘겨준 권한의 정도까지만 딱 성장한다. 그 사람에게 팀장의 권한을 넘겨주면 딱 팀장의 역할까지만 성장하고, 본부장의 역할까지 넘겨주면 딱 그만큼의 성장을 한다.

기다릴 줄 아는 리더가 되라

권한을 이양한다는 것은 실제로 해보면 쉬운 일이 아니다. 아무래도 나에게는 익숙했던 일이니까 계속해서 간섭을 하게 되고 성격이 급한 경우는 서브 리더가 조직원과 대화를 나누는 중에 끼어들어서 답을 내주고 이야기를 매듭지어버린다. 그런데 그렇게 하면 할수록 서브 리더들이 오히려 위축되면서 스스로가 성장할 생각을 하지 않게 된다. 그래서 메인 리더는 조금 기다려줄 줄 알아야 하고 서브 리더가 하위 조직원들에게 실언을 하더라도 직접 나서서 바로잡아주기보다는 뒤에서 서브 리더에게만 수정을 하고 전달하게 하는 식으로 힘을 실어줄 필요가 있다.

이 시점부터 하위 조직원들에게 가는 혜택도 메인 리더가 아닌 서브 리더를 통해 전달해야 효과적이다. 예를 들면 메인 리더가 이번 달 실적이 좋은 직원에게 해외여행 패키지를 지원하겠다고 마음을 먹었다고 치자. 그러면 회사에서 일방적인 공지와 절차를 통해 진행하는 방법도 좋지만 나 같은 경우는 서브 리더를 조용히 불러서 실적이 좋은 직원을 따로 불러서 만나라고 한 뒤 이렇게 말하라고 전한다.

"이번에 회사 실적이 좋아서 내일모레 대표님한테 실적 보고하러 들어가면 실적 1등자한테 해외여행을 시상하면 좋겠다고 말할 거야. 자네가 너무 열심히 하는데 나도 월급쟁이라 내가 직접 해줄 수 있는 건 없고 이게 최선이라고 생각해. 최대한 동남아까지 이야기 드려볼 테니 어디 가고 싶은지 가족들하고 상의해봐."

그리고 이틀 뒤 실적 1등에게 해외여행 시상 공지를 하는 식이다. 그러면 해당 직원과 서브 리더의 유대감은 이전보다 돈독해질 수밖에 없다. 이런 서브 리더에게 공을 돌려줄 수 있는 기회를 최대한 많이 찾아서 만들어주는 것이 메인 리더가 하는 업무 중 가장 중요한 업무다.

조직을 키우고 관리자를 성장시키기 위해서는 권한의 이양을 확실히 해야 한다.

4장

과감한 결단

받아들일 것인가

버릴 것인가

23

악재와 악수하라

악재는 늘 때로 몰려다닌다

내가 경험한 바로 세상은 우리가 감당하지 못할 만큼의 시련은 주지 않으며, 견디면 반드시 그 시련의 깊이만큼을 보상해준다. 지금까지 그래왔고, 또 앞으로도 그럴 것이라고 나는 믿는 쪽이다. 때로는 내가 나 스스로에게 부끄럽지 않을 만큼 최선을 다하고 있는데도 좀처럼 일이 풀리지 않을 때가 있다. 게다가 엎친 데 덮친 격이라고, '악재는 떼로 몰려서' 온다. 이럴 때 나는 마음 깊은 곳에 굉장히 큰 기대를 갖는다. 하늘이 얼마나 큰 기회를 주시려고 이렇게 큰 시련을 주시는가 하고…….

그럴 때면 괜스레 맹자의 말을 혼자 떠올리며 생각한다.

하늘이 장차 큰일을 맡기려 할 때에는
반드시 먼저 그의 마음을 괴롭히고
신체를 고단하게 하며
배를 굶주리게 하고
생활을 곤궁에 빠뜨려
하고자 하는 일마다 힘들고 어지럽게 하나니
이는 인내를 기르게 함으로써 전에 할 수 없던 일을
능히 해낼 수 있게 함이라.

– 맹자

얼마나 큰 기회를 주시려고……

악재를 뒤집는 데에는 두 가지 믿음이 필요하다. 하나는 시련 뒤에 돌아올 보상에 대한 절대적인 신념 그리고 다른 하나는 악재를 보는 긍정적인 눈이다. 이 긍정적인 눈은 기회를 포착하는 데 굉장히 중요하다. 고 정주영 회장은 이를 잘 실천한 대표적인 인물이다.

1975년 여름, 박정희 대통령은 중동의 사회 기반 시설을 닦고 건설하는 대규모 공사단을 정부 관리와 함께 파견했다. 그런데 중동의 날씨가 너무 더워서 낮에는 일을 도저히 할 수 없고 물이 부족해

공사가 제대로 진행되지 않는다는 이야기를 들었다. 이 보고를 받은 박 대통령은 급히 현대건설의 정주영 회장을 불렀다. 박 대통령은 정주영 회장에게 현장 상황이 이 지경이니 회장이 직접 건설 현장에 가서 살펴볼 것을 요청했다. 이때 박 대통령은 만약 정 회장마저 현장의 어려움을 이유로 사업 추진을 중단한다면 중동 건설 사업은 더 이상 진행할 수 없으리라 내심 마음먹었다.

하지만 중동에 다녀온 정주영 회장의 답변은 뜻밖이었다. 그는 중동은 이 세상에서 시공하기 가장 좋은 곳이라는 결론을 내렸다. 1년 내내 비가 오지 않는 장점, 건설에 필요한 모래와 자갈이 현장에 널려 있으니 조달이 쉽다는 장점을 거론했고 한낮의 무더위는 낮에 자고 밤에 일하는 방식으로 바꾸는 방안을 제시했다.

정주영 회장의 말대로 30만 명의 한국 근로자들은 중동에서 낮에는 잠자고 밤에는 횃불을 켜고 일하면서 벌어들인 달러를 보잉 747 특별기에 가득 싣고 들어왔다. 달러가 부족했던 시절, 이 산업의 역군들이 벌어들인 외화는 대한민국 경제가 성장하는 데 든든한 지원금이 되어주었다. 이처럼 긍정의 눈은 때로는 남들이 놓치는 기회를 잡게 해준다.

바다가 보이지 않는 바다 카페 메르블루

2017년, 나는 시흥에 위치한 카페 '메르블루'를 오픈했다. 매장을 인수할 당시 그곳의 일 매출은 고작 1~2만 원으로, 말 그대로 '망한' 카페였다. 주변 주민들에게 탐문해보니 약 8년간 '망한 상태'로 있던 카페라는 설명이 돌아왔다. 하지만 내 느낌은 다르게 말하고 있었다. 왠지 제대로 손을 대면 '대박'이 날 수도 있는 곳 같았다.

그렇게 좋은 느낌을 받았으나, 정작 매장이 매물로 나왔다는 이야기가 나왔을 때는 다른 밀린 업무를 보느라 별다른 신경을 쓰지 못한 채 지나갔다. 그러다 6개월 이상 매물이 팔리지 않고 있다는 말에 한번 가보기나 하자는 마음으로 당시 매장 사장님께 연락을 하고 찾아갔다.

늦은 시간에 방문했는데, 주변이 개발제한구역으로 둘러싸여 있어서 사방이 깜깜했다. 사장님은 3층 옥상에 올라가서 보면 바다가 눈앞에 펼쳐진다고 했다. 그 말을 듣고 사다리를 타고 올라가서 둘러봤지만 아무리 봐도 내 눈에는 바다가 보이지 않았다. 사장님은 지금은 해가 져서 그렇지 해가 뜨면 분명히 바다가 보인다고 했다. 나는 그 말을 철석같이 믿고 그 자리에서 매장 상호를 '메르블루'로 지었다. 그건 푸른 바다라는 의미의 프랑스어였다.

사장은 그것 외에도 몇몇 대기업 회장들의 실명을 거론하며, 내가 해당 매장을 인수하면 적극적으로 돕겠다고 했다. 나는 사장의 그런 패기가 마음에 들어 그 자리에서 즉시 계약금을 입금했다.

하지만 다음 날 다시 매장을 찾았을 때 알고 말았다. 그곳에서는 바다는커녕 갯벌조차 보이지 않았다. 하나를 보면 열을 안다고, 당연히 대기업 회장들 이야기도 모두 거짓말일 터였다. 다음 날이 되면 바로 밝혀질 거짓말을 할 리가 없다고 생각하고 계약금을 보냈던 내 발 빠른 행동력은 '패착'이 되고 말았다. 계약금을 포기할 수도 있었지만, 나는 '상심을 딛고' 이왕 이렇게 된 거 매장을 인수하기로 마음먹었다.

주변에서는 언제나 그렇듯, 한사코 반대를 했다. 8년 동안이나 망해 있던 매장이 어떤 콘셉트를 한들 잘될 리가 없다는 이야기가 가장 많았고, 대중교통도 들어오지 못하는 장소에 손님들이 찾아오기는 어렵다는 이야기가 뒤를 이었다. 매장 부지가 넓어서 인테리어를 비롯한 공사 기간도 상당히 길어졌다. 그리고 그만큼 부정적인 이야기를 들어야 하는 시간도 길어졌다. 이 매장이 잘될 거라고 생각하는 사람은 나와 해당 매장을 맡아서 하기로 한 동업자 동생뿐이었다.

악재는 '기회'와 손잡고 온다

그렇게 오랜 준비 기간을 묵묵히 보낸 후 2017년 9월, 드디어 바다가 보이지 않는 바다 카페 '메르블루'가 오픈했다. 비록 바다는 없었지만. 오픈과 동시에 매장의 월 매출은 1억 원을 기록했고, 그 다음 달 매출은 30%가 오른 1억 3천만 원을 기록했다.

메르블루는 넓은 부지와 풍광 덕에 드라이브를 즐기던 사람들이 자연스레 발길을 돌리는 카페가 되었다. 게다가 애견 카페가 아니

메르블루는 넓은 부지와 풍광 덕에 견주들 사이에 입소문이 났고 그로 인해 매우 '핫한' 매장이 되었다. 현재 메르블루는 순창에 2호점을 두고 있으며 필리핀에 해외 1호점을 오픈해서 영업 중이다.

었는데도 언제부터인가 하나 둘씩 반려견을 데리고 오는 손님들이 많아지면서 견주들 사이에 입소문이 나기 시작했다. 바다가 보이지 않았고 또 실내에는 애견 출입 금지였지만, 바닷바람을 쐬면서 경치를 즐길 수 있는 마당에서 반려견들이 뛰어노는 모습을 바라보는 것만으로도 견주들이 만족하고 흐뭇해했던 덕분이다. 손님들이 자발적으로 SNS 등에 홍보해주는 등 운이 많이 따라주어서, 주말에는 음료 빌지가 30장씩 밀려왔고, 토, 일 양일에만 약 2,000명이 넘는 고객이 방문하는 '핫한' 매장이 될 수 있었다.

내가 얻은 것은 또 있었다. 메르블루를 경영하면서 대형 카페를 운영하는 실전 노하우를 찬찬히 쌓을 수 있었다. 만약 전 사장님이 나한테 그런 말도 안 되는 거짓말을 해주지 않았다면 나는 대형 카페 컨설팅을 지금처럼 활발하게 하는 기회를 얻지 못했을 것이다. 악재가 내게는 기회로 돌아온 것이다.

악재는 혼자 오지 않는다. 운이 좋으면 '호재'를, 운이 좋지 않다면 적어도 '경험'을 가져다준다. 메르블루의 악재는 호재와 손을 잡고 온 경우다. 이 기회 덕분에 나는 대형 카페를 보는 안목을 키울 수 있었고, 이는 내게 자양분이 되어주었다.

이처럼 악재가 기회로 돌아오는 경우를 나는 살면서 자주 겪었다. 그래서 자신 있게 말하고 싶다. 개와 늑대의 시간을 견디라고. 동틀 녘, 저 멀리서 다가오는 그림자가 나를 도와줄 개인지 나를 잡아먹을 늑대인지 알 수 없을 때, 그 시간을 견디면서 눈앞이 밝아오기를 기다리자. 그러면 기회는 반드시 온다.

누가 무슨 말을 하든 어차피 마지막 선택은 나 자신이 하는 것이고, 일이 어그러졌을 때 책임은 끝까지 확인하지 않은 내 잘못이다. 누구를 원망할 필요도 없고, 그럴 시간도 없다. 이미 벌어진 상황에 대해서는 최대한 긍정적인 방향의 출구를 찾아야 한다.

당신도 혹시 계속되는 악재에 힘들어하고 있지는 않은가? 그렇다면 기뻐하라. 큰 악재 뒤에는 반드시 큰 보상이 따르기 마련이니까. 당신이 힘들면 힘들수록 더 큰 기대를 가져도 좋다.

24
거짓말하는 상대에게 빠져나갈 구멍을 만들어줘라

거짓말은 인간의 조건이다

2007년 EBS에서 기획한 〈거짓말〉 2부작에서는 거짓말을 두고 한 가지 실험을 했다. 제작진은 20대부터 40대까지 다양한 직업군의 성인 남녀 10인에게 10일 동안 '거짓말 일기'를 써달라고 부탁했다. 그 결과 그들은 하루 평균 3회 거짓말을 하는 것으로 나타났다.

그런가 하면 30년간 거짓말을 연구한 심리학 교수 로버트 펠드먼의 저서 《우리는 10분에 세 번 거짓말한다》에 따르면 모르는 사람끼리 첫 대화를 하는 경우 사람들이 10분에 3회 이상의 거짓말을 하는 것으로 나타났다.

'거짓말'은 이처럼 동서고금을 막론하고 인간 사회를 지배해온, 우리와 아주 친숙한 습관이다. 사람은 거짓말을 많이 하도록 설계되어 있으며 악의에 의해서든 선의에 의해서든 사람과 사람 간의 대화를 보다 부드럽게 하기 위한 방편으로 많은 경우에 거짓말을 택하게 된다.

이 말은 누군가 우리에게 거짓말을 한다 해도 크게 잘못된 일은 아니라는 뜻이다(단, 상대에게 치명적인 위험을 초래하거나 피해를 주는 거짓말이라면 안 되겠지만). 그래서 나는 대개의 경우, 상대가 거짓말을 해도 그냥 넘기는 편이다.

거짓말을 그냥 넘기는 데에는 다른 이유도 있다. 당장 상대의 거짓말을 지적해서 상대방이 즉시 시정할 수 있는 상황이고 또 그럴 마음이 있는 상태라면 지적하는 것도 좋은 방법이 되겠지만 대다수는 본인이 한 거짓말이 들통 나지 않도록 하기 위해 더 걷잡을 수 없는 거짓말을 하게 되는 탓이다. 거짓말을 했을 때 빨리 인정하고 용서를 구하면 되는데, 이런 사소한 용기조차 낼 수 없는 사람들이 의외로 많다.

거짓말에 대처하는
우리들의 자세

우리는 상대가 거짓말을 하면 대개 일종의 기망 행위를 한다고 느끼기 때문에 본능적으로 화를 내고 감정적으로 대응하기 쉽다. 그러나 나는 뒤에서 욕을 하든 거짓말을 하든 그다지 개의치 않는 편이다. 나에게 직접 피해를 주는 일이 아닌 한은 그 정도 일로 에너지를 낭비하고 싶지 않고 또 그들이 욕하는 이유가 자격지심에서 비롯된다는 것을 그간의 여러 경험을 통해 알기에 굳이 전면에 드러내놓고 나서지 않는다.

그렇다면 거짓말하는 사람에게는 어떻게 대하는 것이 현명할까?

우선 거짓말의 유형을 분류해야 한다. 내 비즈니스나 인간관계에 직접적인 타격을 주는, 도가 지나친 거짓말을 하고 다니는 사람은 어쩔 수 없이 직접적으로 대응하여 공격할 수밖에 없다. 사람들은 가십거리를 좋아하기 때문에 근거가 없는 말이라도 퍼지다 보면 나에게 타격을 줄 수 있고 또 사실이 아니라고 해명하기 어려울 때도 있다. 이런 경우는 조기에 잡는 것이 좋다.

하지만 단순히 위기를 모면하기 위해서 하는 거짓말이나 모른 척 넘어갈 수 있는 경미한 수준의 거짓말들은 약간 되돌아올 수 있는 길을 열어주는 것이 좋다.

쉬운 예로, 지각을 자주 해서 업무 시간에 늘 조금씩 늦지만 일만큼은 똑부러지게 잘하는 직원이 있다고 하자. 이런 직원은 대표 입장에서 볼 때 근태가 조금만 좋아지면 최상의 대우를 해주고 싶은 친구들이다. 모든 재주가 출중한데 유일하게 지각하는 버릇이 고쳐지지 않는 경우다. 나는 이런 버릇을 '지각병'이라고 표현한다.

'지각병'은 한번 걸리면 잘 낫지 않으므로, 대부분의 사장들은 어떻게 혼내야 이들의 '지각병'을 고칠 수 있을지 고민에 빠지기 마련이다. 이들의 또 다른 특징은 잦은 지각이 민망해서 지각에 대한 사유를 거짓으로 보고한다는 점이다.

"그래서 그 직원을 내보낼 생각입니까?"

마케팅 부서에서 실제 일어났던 일이다. 한 직원이 부서장에게 지인의 장례식장에 가야 한다며 출근하지 않았다. 그런데 전날 과음을 했다는 정보도 들려오고 여러 정황으로 미루어보아 거짓말일 가능성이 높았다. 그런 정황이 보이자 부서장은 오자마자 장례식장이 어디고 고인의 이름은 무엇인지 물어 거짓말을 잡아내야겠다고 씩씩댔다.

나는 부서장을 불러 혹시 그 직원을 당장 내보낼 생각인지 물었다. 그러자 부서장은 한 치의 망설임도 없이 아직은 그럴 때가 아니고 조금 더 도가 지나치면 그렇게 할 생각이라고 했다. 나는 다시, 지금 그의 거짓말을 족집게처럼 잡아낼 경우 회사에 어떤 장점이 있는지 물었다. 부서장은 이 친구의 거짓말을 잡아내면 지각병이 좀 고쳐지지 않을까 기대한다고 했다.

상급자들이 직원들의 거짓말에 대응하는 방식은 대개 이렇다. 하지만 이 방법은 조직을 위해서는 그다지 좋은 방법이 아니다. 만약 그렇게 거짓말을 짚어내고 지적을 한다면 그 사람이 복귀하지 못해 결과적으로 회사의 인력 손실을 가져올 가능성이 생겨나기 때문이다. 단순히 생각해서, 자신의 잘못을 인정하고 죄송하다고 사과하고 앞으로 잘하겠다고 하면 끝날 수 있는 일처럼 생각하기 쉽지만, 그런 '용기'가 있는 사람이 많지 않다.

거짓말은 꼬리의 꼬리를 무는 특성이 있기 때문에 부서장이 캐면 캘수록 장례식장이 바뀌었다느니 성함이 정확히 기억이 안 난다느니 하는 빠져나가기식 거짓말만 늘어놓을 가능성이 높다. 말을 하다 용서를 구할 타이밍을 놓친 직원은 어느 순간 아차 싶지만 차마 입에서 "다 거짓말이었습니다"라는 말이 떨어지지 않는다.

이런 경우 바로 관계를 끊어야 하는 사람이 아니라면 거짓말을 했을 때 가능하면 돌아올 수 있는 방향을 열어주는 것이 좋다. 거짓말인 줄 알면서도 명분이 있다면 속아주는 셈 치자.

관계를 끊을 마음이 아니라면 빠져나가게 두자

비즈니스를 할 때도 마찬가지다. 상대방이 적정 수준의 거짓말을 하거나 과장하는 것을 알고 있다면 어느 정도 넘어가 주는 것이 비즈니스에 유리하다.

"당신 그거 거짓말이지? 내가 다 알아봤으니까 거짓말 하지 마!"

이 사람과의 비즈니스를 지금 당장 끊을 마음이 아니라면 삼가는 것이 좋다.

특히 상대방이 가격 등을 가지고 협상할 때 이를 절충하기 위해

다른 곳에서는 얼마 정도의 견적을 받았다며 터무니없는 금액을 말할 때가 있다. 대다수의 실무자들은 여기서 감정이 상해 말도 안 되는 소리 하지 말라며 그럼 그쪽으로 가서 하라는 식으로 발언하곤 한다.

그러나 이런 반응은 훗날을 생각하지 않는 행위다. 그렇게 말하고 자리를 박차고 일어난다면 상대방은 이후에 다시 우리와 거래하고 싶어도 민망함에 연락을 꺼리게 된다. 이런 결말은 조직에게나 자신에게 아무런 성과도 득도 주지 않는다.

바이럴 마케팅을 하는 우리 회사에서도 광고 견적 상담을 하다 보면 이 같은 경우가 종종 발생한다. 어디서 받은 적도 없는 터무니없는 가격을 이야기하며 이를 근거로 견적을 깎아달라고 요청한다.

그럴 때 우리 직원들은 상대에게 그 정도 견적은 못 맞춰준다고 정확히 고지한다. 그러면서 이렇게 덧붙인다.

"하지만 저희 경험에 비추어볼 때 이런 식으로 떡밥용 견적을 던지는 경우가 있습니다. 그쪽이랑 천천히 이야기해보시고 혹시 추가 비용을 요구하거나 계약 조건에 세부 사항이 빠져 있는지 살펴보세요. 만약 염두에 두신 것과 다르다면 편하게 연락 주십시오. 바로 달려가겠습니다."

이렇게 키를 쥐어주며 상대를 갑의 위치에 올려놓고 헤어진다. 이렇게 상대에게 빠져나갈 구멍을 마련해두어야 상대가 다시 진행하자고 우리를 찾아올 때 해명할 수 있는 명분이 생길 수 있다.

"김 팀장 말이 맞았어. 그 업체에 물어봤더니 견적에 추가 비용이 많이 들더라고!"라며 상대는 자연스럽게 협상 테이블에 앉을 수 있다.

상대방이 거짓말을 하고 안 하고는 감정적인 부분이지 비즈니스에서는 중요하지 않다. 우리는 상대가 '왜' 거짓말을 하는지 그 이유를 파악하는 데 집중해야 한다. 그리고 이 거짓말을 잡아내는 것이 우리의 비즈니스에 어떤 영향을 끼치는지 장단점을 따지고 관계의 단절을 가져올 가능성을 살펴보고 선택해야 한다. 명심하자. 거짓말에는 감정적으로 대응하지 마라.

25
직원이 횡령한다면 당신 탓이다

"그 직원이 돈을 훔친 건 당신 때문입니다"

소유욕은 인간의 본능이다. 자신이 좋아하는 것을 갖고 싶은 욕망은 누구에게나 있다.

하지만 타인에게 피해를 주지 않고 소유욕을 채우려면, 본인이 매우 노력하거나 운을 바라는 방법 외에는 없다. 대개는 타인에게 피해를 주지 않고 좋아하는 것을 취하지만, 어느 경우에는 타인에게 피해를 주면서 자기 욕심을 채우는 사람도 있다.

만약 법과 사회질서라는 울타리가 없다면 물리력을 이용해 타인에게 피해를 주면서 내가 원하는 것을 얻는 것이 훨씬 과정도 간단하고 빠를 수 있다.

폭력을 사용한다면 더욱 속도가 높아지리라. 나는 가끔씩, 우리의 행위를 막는 것이 법제도인지 우리 본연의 선한 마음인지 궁금할 때가 있다. 성악설이니 성선설이니 하는 오래된 논쟁과 상관없는, 순전히 개인적인 의문이기도 하다.

매장을 컨설팅하다 보면 사장 몰래 현금을 조금씩 빼돌리는 직원들 때문에 고민에 빠진 사장들을 만날 때가 있다. 이 경우 대부분의 사장들은 직원 욕을 하느라 여념이 없다. 믿고 맡겼고 나름대로 잘 대해주었는데 이런 식으로 뒤통수를 친다며 분을 삭이지 못한다. 나는 그런 사람들에게 단호하게 "그 직원이 돈을 훔친 건 당신 때문입니다"라고 말한다.

사장의 마음은 쿵! 내려앉고……

견물생심이라는 말이 있다. 카운터에 현금은 계속 돌고 누가 봐도 자신이 조금 챙기더라도 사장이 알 수 없게 되어 있는 구조라면, 돈을 횡령하고 싶은 유혹을 느낄 수 있다.

이런 경우, 처음 없어지는 액수는 그다지 크지 않다. 1~2만 원씩 재미삼아 또는 그냥 버릇처럼 가져가기 시작한다. 그러다 모든 일이 연습하면 실력이 늘 듯, 횡령도 반복하면 그 실력이 배가 된다. 급기야는 1~2만 원으로는 성에 차지 않아서 10만 원씩 횡령하게 되고, 금액이 커지면서 손님 숫자 대비 매출이 줄어들면 사장은 그제야 의심을 하기 시작한다.

이를 잡아내기 위해 부랴부랴 가게의 CCTV를 돌려보면 직원이 돈을 빼돌리는 장면이 어김없이 눈에 들어온다. 차라리 아니길 바랐던 사장의 마음은 쿵! 내려앉고 배신감에 속이 쓰리기만 하다. 당장에 쫓아가서 화를 내고 싶지만 지금 당장 매니저가 나가버리면 매장이 돌아가지 않기 때문에 전전긍긍하다 나를 찾아오는 경우가 대부분이다.

이 시점이 되면 횡령한 금액이 쌓여서 돈도 다 돌려받기 어렵게 되고 오랫동안 매장에서 직원들과 호흡을 맞췄던 매니저도 잃게 된다. 그래서 사장은 현금이 새어나갈 수 없는 프로세스를 만들어둬야 한다. 포스에 정확히 현금을 찍게 하고, 현금에 대해서는 직원들끼리도 상호 보완한다는 취지 아래 서로 감시를 할 수 있게 만든다. 그리고 교대 시간 등에 다시 한 번씩 포스에 시재(時在)를 확인하게 하고 책임 소재를 명확히 한다.

현금 매출이 취소되었을 때는 반드시 취소 사유를 적게 하고 매주 혹은 매월 해당 영수증과 취소 이력이 일치하는지 확인해야 한다. 특히 이런 확인 과정은 사장이 혼자 사무실에 앉아서 하면 아무런 소용이 없다. 의도적으로 직원들 혹은 매니저 앞에서 함께해야 한다. 어떤 사장들은 "직원들이 자신들을 신뢰하지 않는다고 생각하지 않을까요?"라고 말하는데 천만의 말씀이다.

직원들 앞에서 그런 모습을 보여줌으로써 이 매장은 1,000원이라도 횡령하면 무조건 잡히는 매장이구나, 라는 인식을 심어주는 것이다. 횡령의 예방에는 그것만 한 묘책이 없다. 교도소행을 마음먹은 경우가 아니라면 걸릴 것을 알면서 횡령하는 간 큰 직원은 없기 때문이다. 이렇게 해야만 아끼는 직원이 좀도둑이 되는 불상사를 막을 수 있다. 직원이 횡령을 하면 사장은 돈도 잃고 사람도 잃는다. 매장을 운영하면서 폐업 다음으로 최악의 상황에 직면하게 되는 것이다.

돈과 함께 좋은 사람도 잃었다

나는 이런 생각을 고등학교 때 했다. 계기는 어머니 덕분이었다. 고등학교 2학년 때 우리 어머니는 작은 개척 교회를 하는 목사님이었다. 여느 어머니들처럼 우리 어머니 역시 법 없이도 살 수 있는 분이었다.

어머니가 목회 활동을 하는 교회는 말이 교회였지 작은 상가 건물 지하에 위치한 예배당이 전부였다. 당시 기억으로 교인 수가 10명이 채 안 되었던 것으로 기억한다.

그중 한 집사님이 교회의 헌금을 담당했는데 굉장히 따뜻한 분이었다. 그분의 아이들도 좋은 어머니 아래 자라서 그런지 밝고 인성이 올발랐고, 나 역시 그분을 굉장히 좋아했다. 따뜻한 척하는 분이 아니라 사람 자체가 따뜻하고 포근했다. 어머니는 그런 분에게 헌금을 맡겼으니 확인하는 것 자체가 의심하는 행위라고 생각했고, 그래서 통장 내역을 일체 보지 않았다.

약 1년이 지났을 무렵, 어머니는 교회 통장 내역을 확인하다가 그간의 헌금이 모두 없어진 사실을 알게 되었다. 결국 어머니는 교인들의 헌금과 그분을 함께 잃었다. 나는 당시에도 어머니를 많이 원망했다. 이건 그분 탓이 아니라 어머니 본인의 탓이라고 생각했다.

경영자는 당연히 조직을 관리해야 하는데 그런 일을 소홀히 했기 때문에 벌어진 일이라 생각했고, 어머니가 관리해도 됐는데 왜 헌금을 그분께 맡겨서 이렇게 떠나가게 만들었는지도 이해할 수 없었다. 물론 지금도 그분이 그 돈을 영 빼돌리려고 했던 것은 아니라는 믿음이 있다. 당시 생활이 어렵다 보니 소소하게 헌금이 부족할 때 조금 빼서 쓰고, 다음 날 다시 메우는 식으로 일시 사용을 했을 것이다. 하지만 일이 반복되다 보니 금액이 커져 막을 수 없는 수준에 이르렀을 것이라고 짐작한다.

나는 그분이 헌금을 횡령하고 어머니와 관계가 깨지는 과정을 직접 보면서 아무리 좋은 사람도 유혹에 넘어갈 수 있고 관계가 돈독했던 사이도 그 유혹이 불씨가 되어 의절까지 갈 수 있음을 실감했다. 어머니는 하루 이틀 만에 그분을 용서했고 다시 돌아오라는 뜻을 전했지만 끝내 그분은 교회로 돌아오지 않았다. 아마 어머니에 대한 미움은 전혀 없었을 것이라 확신한다. 본인을 믿어줬던 사람에게 그런 잘못을 저질렀다는 죄책감이 둘의 관계를 다시 예전으로 돌릴 수 없었던 것이다.

경영도 마찬가지다. 무조건 믿는다는 식의 안이한 경영은 직원에게 오히려 해가 될 뿐이다. 직원을 전적으로 믿는다고 선언하기 전에 그들이 유혹에 넘어가지 않도록 항상 검토하고 점검하는 프로세스를 갖추는 것이 경영자의 기본 자세임을 명심하자.

26
당신의 감을 믿어라

인생의 터닝 포인트는 찰나의 순간이 결정한다

될 것 같다는 생각이 들 때, 해야겠다는 생각이 들 때는 바로 실행하라. 망설이는 순간 이미 기회가 떠나간다는 것을 명심해야 한다. 일상을 살다 보면 직장인이든 사업을 하는 사람이든 갑작스레 아이디어가 떠오를 때가 있다. 대개 그런 순간순간의 아이디어들은 바람 같아서 잠시 스쳐 지나갈 뿐이다. 타인과의 대화 속에도 번뜩이는 아이디어들이 있지만 이 역시 바람과 같다.

갑작스레 떠오르는 순간의 생각과 계획들을 구체화하기 위해서는 바로 무언가 행하는 방식이 필요하다. 그런 찰나의 순간들이 내 인생을 바꿀 터닝 포인트가 되는 경우는 무수히 많다. 아르키메데스는 우연히 욕조에 들어갔을 때 부력의 원리를 알아채고는 옷도 걸치지 않은 채 뛰쳐나왔다. 맥도널드의 창업자 레이 크록은 맥도널드 형제의 햄버거 매장을 보고 즉시 패스트푸드 프랜차이즈를 권장했다.

생각만으로 이루어지는 것은 아무것도 없다

바로 하는 것은 아주 간단하다. 카페를 창업하고 싶다고 생각하는 사람이 많다. 또한 대단히 많은 수의 카페가 매년 새로 오픈하면서 적지 않은 수의 카페가 폐업 수순을 밟고 있다. 당신이 카페를 오픈하고 싶다는 생각이 들었다면 일단 망설임 없이 실행해야 한다. 아는 것도 없는데 갑자기 어디서부터 실행해야 하는지 의아할 수 있다. 망설이지 말고 실행하라는 말은 당장 부동산에 가서 매장을 얻으라는 말이 아니다. 돈이 나가는 것은 제일 마지막에 해도 좋다. 생각만으로 끝나지 않고 현재 진행형이 될 수 있게, 가장 먼저 할 수 있는 일을 하라는 것이다.

'카페를 창업하고 싶다'는 생각만으로는 아무것도 이루어지지 않는다. 그저 하루에 수없이 스쳐가는 바람과도 같다. 하지만 일단 카페 프랜차이즈 상담을 받으러 다니기 시작하거나, 카페 매장을 둘러보기 시작하거나, 부동산 중개업소에 시세를 알아보러 다니는 등 일련의 오픈 과정을 시작하면 이야기는 달라진다. 이렇게 하면 단순히 생각만 스쳐지나갈 때보다는 훨씬 더 가능성이 높아진다.

우리 회사에도 카페 창업에 대한 문의가 종종 온다. 이들은 이미 반은 시작을 한 셈이고 이들 중 많은 수의 고객이 실제 카페나 다른 요식업종을 창업하기에 이른다. 이들은 이미 작은 것을 실행했기 때문이다. 하지만 내 주변의 많은 지인들은 "나도 카페 하나 차리고 싶다"를 입에 달고 살면서 한 번도 제대로 된 상담을 의뢰하지 않는다. 이들은 만날 때마다 카페를 차려서 잘되는 게 부럽다며 본인들도 카페를 하나 하고 싶다고 말하지만, 여전히 아무것도 시작하지 않는다. 장담하건대 이런 친구들은 5년, 10년 뒤에 만나도 똑같은 말을 내게 건넬 것이다.

"그 아이디어, 제가 실행에 옮기겠습니다"

무언가를 희망했을 때 즉시 할 수 있는 작은 것이라도 하는 것과 그렇지 않은 것에는 상당히 큰 차이가 있다. 얼마 전에는 가수로 활동하는 지인과 대화하다가 텀블러에 대한 아이디어를 얻었다. 아무래도 연예계 사람들은 창작 활동을 하는 직종이라 그런지 남들이 생각지 못한 방식으로 생각하는 사람이 많고 참신한 발상을 하는 사람도 많다. 이날도 신곡 녹음 때문에 녹음실에 함께 있다가 커피를 마시면서 긴 대화가 이어졌다. 그러던 지인이 갑자기 말했다.

"나는 헬스클럽에서 운동기구를 옮겨 다닐 때마다 양손에 핸드폰과 텀블러를 들고 다니는 게 그렇게 귀찮을 수 없어. 핸드폰을 달 수 있는 텀블러가 있으면 좋겠어. 마음 같아서는 하나 개발하고 싶다니까."

그냥 지나칠 수 있는 신변잡기 이야기였지만 나는 지인의 이 말이 충분히 실현 가능성이 있다고 생각했다. 나는 이런 생각을 언제부터 했는지 물었다. 그는 10년 전부터 했던 생각이고, 6년 전부터는 주변의 많은 사장들에게 이런 생각을 전했다고 했다. 그런데 재미난 것은, 자기 이야기를 듣는 사람마다 모두 좋은 아이디어라고 반응하면서도 정작 실행하는 이는 아무도 없었다는 것이다. 나는 지인에게, 더 이상 아무한테도 이 아이디어를 발설하지 말라고 당부했다.

나는 당장 내일부터 핸드폰이 장착되는 텀블러를 만들 수 있는 방법을 알아보겠노라 장담했다. 덧붙여 이것은 어디까지나 당신의 아이디어이니 판매되면 수익을 나눌 것을 명문화하자고 했다. 대신 그에게는 텀블러를 만들어내면 연예계 선후배들을 동원해 최대한 홍보를 해달라고 했다. 물론 나 역시도 피트니스 대회나 체육회 일을 도맡고 있기 때문에 셀럽들과 함께 홍보하면 적지 않은 시너지가 나올 것 같았다.

나의 저돌적인(?) 실행력과 사업 구상에 지인은 텀블러 생산도 해본 적이 있느냐고 물었다. 나는 해본 적은 없지만 "무조건 할 수 있다"고 답했다.

말의 무게가 갖는 힘은 세다

호언장담을 한 후 나는 다음 날부터 무턱대고 제조업체들을 찾아다니며 알아보기 시작했다.
금형을 제작해주시는 업체의 대표님이 목업 작업을 먼저 해야 한다고 말씀하셨는데, 내가 목업이란 용어 자체를 못 알아듣자 적잖이 당황하던 얼굴이 아직도 생생하다. 몇 군데를 돌아다니다 보니 생산보다 특허가 우선이라는 공통된 충고를 들을 수 있었다. 그래서 급하게 변리사를 통해 특허신청을 해놓고 제품 제작 디자인을 만드는 일부터 시작했다.

그렇게 달린 결과 현재 금형 제작은 완료한 상태이고 앞으로 2~3개월 뒤면 해당 제품이 생산에 들어갈 예정이다. 특허출원도 신청해놓은 상태다(승인까지는 2년이 걸리다고 한다).

내가 지인의 아이디어를 듣고 가장 놀라웠던 것은 지인이 적어도 나를 만나기까지 6년 동안 수많은 사람에게 이 아이디어를 이야기했고, 그 수많은 사람들이 이 아이디어를 바람처럼 스쳐 보냈다는 사실이다. 나 역시도 좋은 아이디어네, 라고 맞장구치는 데에만 그쳤다면 아무런 변화도 일어나지 않았을 것이다.

내가 가장 먼저 실행한 일은 아주 작은 일이다. 이 일의 첫 실행은 제조업체를 찾아다닌 것이 아니라 아이디어를 말한 상대에게 "내가 내일 당장 이 제품을 만들 것이니 아무에게도 말하지 마라"고 한 일이다.

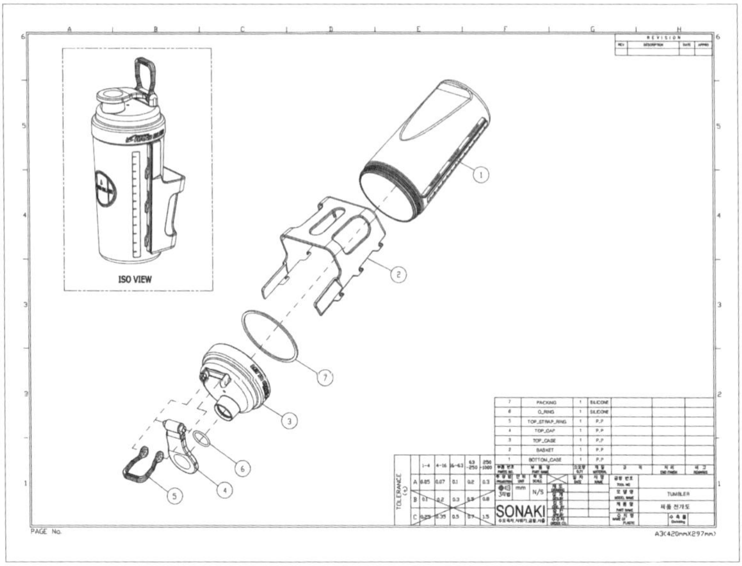

핸드폰을 꽂을 수 있는 텀블러라는 의미의 핸블러(Handbler) 도면

이 말을 뱉음으로써 나는 다음 날 제조업체를 발 빠르게 알아보았고, 그 결과 지금 생산을 목전에 두고 있다.

아이디어에서 출발해
실행력으로 탄생한 핸블러

나는 이 제품에 '핸블러'라는 이름을 붙였다. 실용신안 신청도 해놓은 상태다. '핸블러'는 잘 팔리든 덜 팔리든 시중에 나와 판매될 것이다. 잘 판매된다면 나의 발 빠른 실행력이 보람으로 돌아올 것이고, 그렇지 않더라도 내게는 세상에 없던 것을 만들어낸 보람이 남을 것이다. 그리고 내게는 해보지 않은 일을 해냈다는 경험이 한 겹 더 쌓

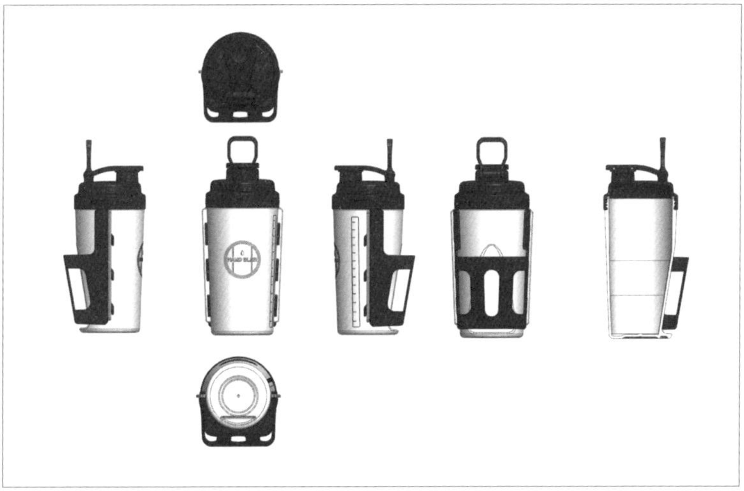

몇 차례 수정을 거쳐 핸블러 디자인이 완성되었다.

일 것이다. 판매 수익은 그다음에 생각해볼 일이다. 무엇인가 당신 머릿속에, 가슴속에 떠오르는 일이 있는가? 그렇다면 작은 것이라도 시작하라. 거창하지 않아도 된다.

27

병은 병명을 잊는 순간 떠나간다

아플 때까지는 아픈 게 아니다

의사가 효과 없는 가짜 약 혹은 꾸며낸 치료법을 환자에게 제안했는데, 환자의 긍정적인 믿음으로 인해 병세가 호전되는 현상을 플라시보 효과, 즉 위약 효과라고 한다. 나는 나 자신의 경험에 근거해 이 현상이 확실한 효과가 있다고 믿게 되었다.

그런가 하면 멀쩡하던 사람이 건강검진에서 병명을 진단받는 순간 갑자기 진짜 환자가 되어 며칠 새 수척해지는 모습도 주변에서 드물지 않게 찾아볼 수 있다. 몸에 병이 생기면 의학의 도움을 받는 것이 당연히 필요하지만, 마음먹기에 따라서 사람의 몸이 영향을 받는 것을 생각하면 신기할 따름이다.

의사들도 환자가 마음을 어떻게 먹느냐에 따라 치료 효과가 확연하게 달라진다고 말한다. 국가암정보센터에서도 암 환자가 내원했을 때 가장 먼저 하는 일이 환자의 마음을 다스리는 법을 설명하는 일이라고 한다. 이는 가장 무서운 암도 치료의 시작은 마음가짐을 바로잡는 일임을 말해주는 사례다.

몸살감기는
마음먹기에 달렸다

나는 감기약을 먹지 않는다. 정확히 언제부터인지는 기억나지 않지만, 아마 중고등학교 때쯤인 것으로 기억한다. 몸살에 걸려 열이 나는 것은 내 몸의 항체가 병균과 싸우는 증상이고, 감기야말로 푹 자고 휴식을 취하는 것이 가장 좋은 치료법이라는 것을 들은 뒤부터였다.

그 말을 들은 다음 몸살감기가 심하게 왔는데도 약을 먹지 않고 밥이나 잘 먹자는 마음으로 3일 정도 버텼더니 자연적으로 호전되는 경험을 했고 그 뒤로는 일체 감기약을 먹지 않고 산다. 그 뒤로 내게 감기는 약 없이도 하루 이틀이면 떨어지는 병이 되었다. 1년에 한두 차례 환절기면 감기몸살에 걸렸지만, 하루 이틀 정도 고열에 시달리다 억지로라도 밥을 챙겨 먹고 잠을 푹 자면서 나름의 자연치유법으로 감기를 이겨내곤 했다.

그러던 중 어느 책에서 인상 깊은 구절을 읽었다. 1년에 한 번씩 몸살이 온다고 생각하는 그 자체가 자기 몸에 몸살을 가져온다는 글귀였다. 그 말인즉슨, 우리 몸이 생각하는 대로 반응한다는 것이었다. 그 구절이 인상 깊었던 나는 그 뒤부터 '나는 몸살 따위는 걸리지 않는 사람'이라고 의도적으로 생각을 바꾸었고, 거짓말처럼 지금은 환절기가 와도 몸살에 걸리지 않는 몸(?)이 되었다. 간혹 몸살 기운이 오더라도 하룻밤만 잘 자고 나면 쌩쌩해진다.

암 선고에서도 좋은 점을 찾을 수 있다면

2016년 12월 건강검진에서 갑상선암이 의심된다는 소견을 받았다. 나는 속으로 그럴 리가 없다고 생각했지만 정밀검사 결과 암이 확실했다. 젊은 나이에 암이라는 진단을 듣자 앞이 깜깜해졌다. 그동안 잠도 제대로 자지 않고 달려온 결과가 겨우 이건가 싶은 마음에 하늘이 원망스러웠고 서러움이 복받쳐왔다.

정밀검사가 더해질수록 기대는 실망으로 바뀌고 희망은 좌절로 바뀌었다. 가장 두려웠던 부분은 더 이상 지금처럼 밤낮으로 일할 수 없게 되지 않을까 하는 공포였다. 세침검사 결과 암이라는 확진을 받았을 때 더 이상의 희망은 없어졌고 이제 인정하는 일만 남게 되었다. 나는 내게 닥친 암 선고에서 어떤 장점을 발견할 수 있는지 고심했다. 그러고는 두 가지 장점을 찾을 수 있었다.

하나는 차라리 회복력이 왕성한 30대에 찾아와줘서 고맙다는 생각이었다. 흔히 '착한 암'이라 부르는 갑상선암이 찾아온 것도 고마운 일이라고 생각했다. 무슨 암이든 기력이 쇠한 노년기에 오면 항암도 힘들 것이고 회복도 더딜 텐데, 어차피 맞을 매라면 이른 나이에 맞는 편이 훨씬 다행이다 싶었다.

두 번째는 차후에 자기계발 강의를 할 때 언급하기 좋은 소재를 하나 얻었다는 생각이었다. 젊은 나이에 밤낮없이 사업에만 매진하다 암이 찾아왔지만 이를 극복해서 잘 살고 있다는 일화만큼 좋은 소재가 어디 있겠는가? 그렇게 생각하니 한결 마음이 편해졌다.

"하루만 입원해 있다가 가겠습니다"

암은 다행히 초기여서 갑상선을 절반쯤 절제하는 반절제술로 수술을 받기로 했다. 담당 주치의에게 수술 후 며칠간 입원을 해야 하느냐고 물었다. 주치의는 최소 3일에서 7일은 입원해야 한다고 했다. 그러나 나는 "저는 원래 회복이 엄청 빠른 체질입니다. 그러니 하루만 입원해 있다가 가겠습니다"라고 말했다. 주치의 교수님은 말도 안 되는 소리라며 일축했다. 그러고는 내가 계속 고집을 피우자 정말 다 나으면 그렇게 해주겠노라 했다.

아침 일찍 수술을 하고 늦은 오후에 마취에서 깨어났다. 마취에서 깨자마자 나는 가장 먼저 환자복을 벗고 트레이닝복으로 갈아입었다. 환자복을 입고 있으면 왠지 더 아파지는 기분이라 의료진에게 양해를 구하고 환복을 했다. 그러고 나니 이미 다 나은 것 같은 기분이 들었다.

다음 날 아침 주치의 교수님이 회진을 돌 때 나는 정중하게 요청했다.

"교수님, 병원 침대에 누워 있으나 집에 누워 있으나 장소만 다를 뿐 큰 차이가 없습니다. 그러니 퇴원시켜주십시오. 그리고 저는, 역시나 남들보다 회복이 엄청 빠른 사람입니다."

교수님은 내 상태를 보시더니 회복이 진짜 빠르다며 퇴원을 허락해주셨고, 나는 그 길로 사무실에 복귀해서 업무를 보았다.

아무리 초기 암이라고 해도 암 수술을 받은 사람이 하루 만에 퇴원해서 사무실로 복귀하자 직원들은 모두 혀를 내둘렀다.

마음이
믿는 대로 간다

정말 내가 남들보다 회복이 빠른 체질인지는 알 수 없지만 적어도 나는 지금껏 그렇게 믿으며 살아왔다. 그리고 실제로 수차례의 수술에서 빠른 회복력을 보여왔던 것도 사실이다. 물론 내가 하는 방법이 누구에게나 좋은 방법은 아니다. 때로는 의사의 권고대로 성실한 치료가 필요한 경우도 당연히 있을 것이다.

하지만 적어도 나는 1년에 한두 번씩 찾아오던 몸살감기를 이제는 한 번도 겪지 않고 있다. 갑상선을 반이나 절제했지만, 별다른 피로감이나 증상도 겪지 않는다. 나는 위약 효과만큼이나 마음의 심지와 정신 상태를 믿는다. 나 자신이 튼튼하다고 생각하면 병이 오지 않는다고 말이다. 병명을 들었을 때 진짜 병자가 되는 사람과 병명을 잊고 멀쩡해지는 사람, 두 사람 가운데 당신은 누가 될 것인가? 답은 명백하다.

28 귀를 끝까지 열어라

귀는 두 개인데 입은 하나인 이유

타인의 이야기를 '잘' 듣는 것은 매우 중요하다. 나는 이 사실을 영업이나 사업을 하면서 매번, 매 순간 절실히 깨달았다. 하지만 사람은 본능적으로 자기 이야기를 하고 싶어 하고 자기 위주로 생각하기 때문에 남의 이야기를 잘 듣는 것이 의외로 어렵다. 따라서 잘 듣기 위해서는 의도적으로 듣는 훈련을 해야 한다.

나는 신이 귀를 두 개 달아주고 입을 하나 달아준 데에는 다 이유가 있다고 생각한다. 이는 필시 최대한 많이 듣고 때를 가려 말하라는 의미일 것이다. 그러면 그렇게 했을 때 과연 우리에게는 어떤 유리함이 있을까?

어떤 조직은 직원들이 최소한으로 자신에게 주어진 일만 하는가 하면, 어떤 조직은 스스로 일을 찾아서 해낸다. 이 차이는 어디서 오는 것일까? 나는 이 차이가 '듣는 자세'에서 비롯된다고 확신한다. 다른 외부 요인이 같다고 가정했을 때, 상사나 대표의 말을 듣는 직원들이 어떤 자세로 듣느냐에 따라 결과가 달라진다고 말이다.

상대방 이야기를 상대방의 입장에서 들을 줄 아는 인원이 많은 조직일수록 다툼이 없고 결속력이 강해진다. 그렇다면 조직의 팀장들이 어떻게 전달해야 이런 직원이 점점 많아질까?

듣는 것이
말하기보다 훨씬 어렵다

내 말을 잘 듣게 하기 위해서는 무엇보다 나부터 잘 들으려는 자세를 갖추어야 한다. 의외로 간단한 이 방법을 사람들은 매번, 매순간 잊어버린다. 상사든 거래처든 동료든, 사람들은 자신의 이야기를 진심으로 들어줄 때 마음을 열게 되어 있다.

이때 상대방의 답변이 어떠한지는 그다지 상관이 없다. 상대가 자신의 이야기에 동의하든 동의하지 않든, 자신의 이야기를 진지하게 경청하는 것만으로도 상대는 존중받았다는 느낌을 받을 수 있다. 그저 진심으로 자신의 힘든 일과 자신의 불만 사항에 공감해주는 것만으로도 충분히 힘들었던 마음이 녹아내리는 경험을 누구나

한 번쯤은 해보았을 것이다.

이는 비단 팀장들만의 이야기가 아니다. 부하 직원일지라도 직장 상사의 이야기에 귀를 기울이기로 마음먹고 상대의 이야기를 듣기 시작하면 보이지 않았던 문제점이 보이기 시작한다. 이는 조직의 효율로 나타나게 되고, 이러한 팀원이 많은 조직이나 사업장은 당연히 높은 업무 성과를 낼 수밖에 없다.

데일 카네기는 《인간관계론》에서 "상대가 자신의 이야기를 하도록 하라"고 강조한다. 최대한 상대의 깊은 이야기를 듣는 것이야말로 인간이 가진 중요한 능력이라는 말이다.

사람은 자신의 이야기를 상대에게 하는 것만으로 동질감을 느낀다. 내가 상대에게 혼자 떠들고 상대는 단 한 마디도 자신의 의견을 이야기하지 않은 채, 그저 나의 이야기에 초롱초롱한 눈빛으로 맞장구를 쳐주는 것으로도 우리는 '이 사람과 대화가 잘 통하는구나'라는 착각을 하게 된다.

마치 서로 굉장히 많은 의견을 나눈 것 같은 착각을 하게 되고, 다음에 또 자신도 모르게 이 사람과 대화하고 싶다는 생각을 하게 된다. 이 과정이 수차례 반복되면 상대가 나를 진심으로 생각한다고 느끼게 되고 그런 마음이 나에게도 전달되기 때문에 나 역시 상대에게 점점 더 호감이 생기는 것이다.

상대보다 먼저 듣고 당당히 요구하라

상대방의 이야기를 집중해서 잘 들으려면 몇 가지 원칙을 지켜야 한다.

첫 번째 원칙은 상대방이 스스로 마침표를 찍을 때까지 상대의 말을 절대 자르지 않고 듣는 것이다. 이 원칙은, 막상 실행해보면 지키기가 꽤 어렵다. 상대방의 이야기를 도중에 끊고 싶은 충동이 자주 들기 때문이다. 어쩔 때는 나 자신이 이렇게까지 남의 이야기를 경청하지 못하는 사람인가 하는 생각이 들 정도로 실행이 어려운 원칙이다.

많은 사람들이 상대를 잘 설득하기 위해서는 말을 잘해야 한다고 생각하는데 이는 틀린 생각이다. 상대를 잘 설득하기 위해서는 말을 잘하는 것보다 잘 들어야 한다. 일대일 커뮤니케이션에서 이 원칙은 절대적이다. 아니, 연단에서 강의를 진행하는 연사조차도 청중과 적절히 소통해야 명강사가 될 수 있다.

이 원칙이 중요한 이유는 상대의 의견을 듣는 도중 본인의 의견과 다른 의견이 나오면 본능적으로 말을 끊고 반론을 펼치게 되기 때문이다. 그렇게 되면 이미 하고 싶은 말이 끊겨버려서 상대방은 감정적으로 타격을 입게 되고, 그 이후부터 상대방은 내 이야기를 경청하는 것이 아니라 자신의 못 다한 주장을 언제 시작해야 하는지에만 초점을 맞추게 된다. 자연히, 토론은 논점을 벗어나게 되고 감정이 격해질 수 있다. 따라서 나는 서로 주장이 부딪치는 토론 자리에서는 상대가 하고 싶은 이야기를 전부 뱉도록 내버려둔다. 설사 상대가 없는 말을 지어서 한다고 하더라도 절대 중간에 말을 끊거나 상대의 주장을 부정하는 말을 하지 않는다. 필요에 따라 꼭 반박해야 할 내용이 있다면 따로 메모를 해놓았다가 상대의 말이 다 끝나면 그때 하나씩 다시 되짚으며 반박한다.

때로는 내가 상대의 주장을 오랫동안 경청해주었는데도, 내가 말을 시작하기 무섭게 내 말을 자르고 들어오는 사람이 있다. 내가 말하는 그 잠시를 못 참고 계속 끼어들어 본인의 말만 이어가려는 경우다. 이렇게 정도(?)를 벗어나는 상대를 만날 경우에는 단호하게 말한다.

"제가 지금 당신의 이야기를 10분 넘게 단 한 번도 자르지 않고 경청했습니다. 그러니 이제 그 절반인 5분만 제 이야기를 경청해주시길 부탁드립니다."

이렇게 요구하면 대개의 경우, 상대방은 시계를 쳐다보고는 그렇게 하겠노라 수락한다. 먼저 경청한 뒤에 경청해줄 것을 요구하면 원만한 합의점을 찾기가 훨씬 쉬워진다.

조바심은 금물,
끝까지 듣고 대응하라

두 번째 원칙은 상대의 이야기에 진심으로 관심을 갖고 상대의 얼굴을 바라보며 듣는 것이다. '듣는' 일은 별 일 아닌 것 같아 보여도 매우 중요한 기술이고, 또 쉬운 것 같아 보여도 굉장한 노력을 요하는 기술이다. 특히 얼굴을 맞대고 대화하기보다는 문자 형태의 대화를 더 자주 접하는 지금의 세대들에게는 더욱 어려운 일일 수 있다. 듣는 것을 제대로 하지 못하면 절대 상대의 마음을 얻을 수 없음을 명심해야 한다.

상대의 이야기를 듣는다는 것은 상대의 말이 이치에 맞지 않더라도 끝까지 듣는 행위를 유지해야 한다는 뜻이다. 상대의 억지 주장을 들어주면 마치 상대의 주장을 인정하는 것같이 비칠까 봐 조바심이 나기 마련인데, 그 조바심을 누르는 훈련이 필요하다. 우선은 상대의 이야기를 다 들은 다음 자신의 주장을 찬찬히 설명하는 것이 가장 빠른 설득의 방식이다.

사람은 자기 이야기를 많이 들어주는 사람에게 호감을 갖게 마련이다. 특히 당신이 회사의 중간 관리자거나 팀의 리더라면 조바심을 버리고 경청하는 자세를 필수 덕목으로 장착해야 한다. 조직을 잘 통솔하고 직원들에게 메시지를 잘 전달하려면 경청만큼 좋은 기본 덕목이 없기 때문이다. 경청의 자세를 갖춘다면, 몰라보게 업그레이드된 자신의 통솔력을 보게 될 것이다.

공감은 상대방의 마음으로 가는 지름길이다

세 번째 원칙은 상대의 이야기에 따라 적극적으로 공감하는 자세를 보여주는 것이다. 상대가 슬픈 이야기를 하면 함께 슬퍼하고, 웃긴 이야기를 하면 함께 웃으며 듣는다. 상대방의 감정에 적극적으로 반응할수록 상대는 자신의 이야기를 진지하게 듣는다고 생각하게 된다.

공감만큼 상대의 마음을 열어주는 일은 없다. 공감으로 열린 마음은 쉽사리 닫히기 힘들다. 먼저 공감하고 마음을 얻자. 그것이 설득의 핵심이다. 공감만 한 경청은 없음을 명심하자.

29
행동 영업으로 레드오션에서 살아남아라

이해해야 행동할 수 있다

행동하는 영업의 메커니즘을 이해해야 지치지 않고 행동할 수 있다. 모든 인력을 인공지능(AI)이 대신할 수 있는 시대가 오더라도 사람의 행동력만큼은 대신할 수 없는 이유가 바로 그 메커니즘이다. 행동하는 영업력은 블루오션에서는 크게 필요하지 않다. 뛰어난 신기술을 보유하거나, 시장에서 압도적인 힘을 보유하거나, 독과점을 하는 경우에는 행동하는 영업력이 크게 필요하지 않다.

나는 이런 바탕을 가진 영업력을 진정한 영업력이라 평가하지 않는다. 독보적인 기술을 담보로 하는 영업은 경쟁이 없다. 단순히 이

기술의 필요성만을 설명하면 되는 것이지 부가적인 영업력이 필요하지 않다.

진정한 행동 영업의 진가는 레드오션에서 드러난다. 가깝게는 우리가 흔히 알고 있는 보험 유치 영업, 정수기 설치 영업, 신차 판매 영업 등이 있고, 그 외에도 수많은 레드오션에서 행동 영업은 그 힘을 드러내고 있다. 내가 내리는 행동 영업의 정의는 경쟁사와 제반 사항과 조건이 동일한 상태에서 영업을 하거나, 조건은 다르지만 서로의 장단점이 명확해서 선택할 때 깊은 갈등을 하게 될 상황에서 하는 영업 활동을 말한다.

이처럼 회사의 조건, 제품의 조건, 서비스의 조건이 비슷한 상황에서 어느 한 선택지에 치우치게 해서 결과물을 얻어내는 것이 행동으로 하는 영업이다. 이러한 행동 영업은 데이터상 동일한 조건임에도 계약을 옮겨가게도 하고, 회사에 리스크가 있음에도 과감한 투자를 단행하게 한다. 그러한 선택지를 움직이는 것은 컴퓨터가 할 수 있는 데이터가 아니다. 타인의 열정은 오감을 지닌 사람을 움직이게 한다. 나는 이것을 '육감'이라고 표현한다.

영업은
치열한 열정 싸움이다

행동 영업은 때로는 데이터와 맞지 않는 선택지를 택하게 하고, 불합리한 투자를 단행하게 한다. 그 이유는 무엇일까? 영업이란 일종의 열정 싸움이다. 같은 조건에서 우리가 상대에게 보여줄 수 있는 건 상대에 대한 열의와 신뢰뿐이다.

일례로 A라는 사람이 자신이 가지고 있는 믹서기를 팔기 위해 카페에 영업을 하러 갔다. 카페 사장은 손사래를 치며 필요 없다고 했지만 A는 가지 않고 끈질기게 사용해볼 것을 권한다. 한 시간이 지나도 말을 듣지 않으니 카페 사장이 급기야 화를 내며 내보냈다. 다음 날이 되자 A는 싱글벙글 웃으면 카페에 또 찾아와서 사용해볼 것을 권했다. 카페 사장은 A의 열정에 못 이겨 제품을 한번 사용해보겠노라고 했고, 사용해보니 생각보다 편해서 구매하게 되었다.

이 카페 주인이 제품을 구매하게 된 메커니즘은 무엇일까?

카페 주인은 애당초 믹서기를 교체할 예정이 없었다. 일반적인 블루오션 영업은 카페 주인이 제품을 교체할 시기가 될 때까지 기다린다. 그때까지 블루오션 영업은 신제품의 기술력과 편의성을 돋보이게 하는 광고를 할 뿐이다. 선택은 카페 주인이 필요로 할 때 비로소 이루어진다. 카페 주인이 필요로 할 때란 실질적으로 명확하지 않다. 하지만 레드오션 영업은 교체의 시기를 A가 필요한 때로 가져온다. 그리고 A는 지속적으로 카페를 찾아가며 카페 주인의 페이스를 빼앗는다.

카페 주인은 자신의 페이스를 방해하는 A가 너무 귀찮다. 화를 내며 내쫓았지만 웃으며 다시 찾아오는 A를 보니 마음 한구석이 불편하다. 아무리 화를 내며 쫓아도 A는 여전히 다시 올 것 같고, 이제는 더 이상 화낼 기력도 없다. 카페 주인은 급기야 이렇게 에너지를 허비하느니 차라리 한번 사용하는 모양새나 갖춰주고 보내는 것이 좋겠다고 생각한다. 주인은 결국 영업자 A에게 제품을 사용해보겠다고 말하고 써본다. 그런데 생각보다 나쁘지 않다. A의 설명을 들어보니 지금 사용하고 있는 제품보다 확실히 장점이 많은 것 같다. 게다가 지금 사용하던 제품이 교체 시기가 된 것 같기도 해서 교체하기로 마음먹는다.

행동 영업력은 인간의 고유한 영역이다

카페 사장은 자신이 선택해서 제품을 교체했다고 생각하지만, 처음부터 카페 주인에게 믹서기를 교체할 계획이 없었다는 사실에 주목해야 한다. 구매의 시기를 상대가 원하는 시기가 아닌 판매자가 원하는 시기로 만들 수 있는 것이 바로 행동 영업이다.

행동 영업으로 인해 제품을 구매하거나 사업의 방향을 결정하는 주체들은 마지막 선택을 본인이 하기 때문에 자신의 선택이라고 생각하게 된다. 하지만 결정의 과정을 살펴보면 상대방에 대한 신뢰도가 높았거나, 상대의 열정에 감동했거나, 상대의 끈기에 다시 생각하게 되는 등 제품이나 아이템과 사실상 무관한 요소 때문에 최종 결정을 내리는 경우가 많다. 행동 영업은 이처럼 이들 판매 대상자들이 가지고 있는 요소들을 이용해 결정의 타이밍을 가져오는 영업력이다. 이것이야말로 인공지능이 대체할 수 없는 인간의 고유 능력이다.

행동 영업의 존재 이유는 이러한 제품 외 영역을 보일 수 있기 때문이다. 이 행동 영업은 작게는 구매 의사가 없는 물건을 구매하게도 하고, 크게는 아이템과 열정만 가지고 있는 젊은 스타트업 대표에게 몇백 억의 투자를 단행하게도 만든다. 거절을 당해도 다시 실행할 수 있는 행동 영업력은 레드오션에서도 실적을 내게 하는, 인간 고유의 능력이다.

5장

용감한 도전

전진할 것인가 뒤돌아볼 것인가

30 경험은 돈을 주고도 사라

직장 경험은 매우 큰 자산이다

자기 사업을 시작할 때 경험은 굉장히 큰 자산이 된다. 나는 지금도 조직이 잘 갖춰진 기업에서 직장생활을 해보지 않은 것이 가장 큰 후회가 된다. 사회생활을 했지만, 나는 영업 조직에서만 일을 해왔고 이른 나이부터 사업을 시작하다 보니 짜임새 있는 조직 시스템을 제대로 배우지 못한 약점이 있다. 마땅한 시기에 적절한 사회생활을 시작했다면 사업을 확장하는 과정에서 많은 도움이 되었을 것이다. 또 젊은 시절의 직장 경험은 아주 귀중한 자산이자 또 다른 기회를 내게 주었을 것이다.

조직을 경험하지 못한 것은 시스템을 배우지 못한 약점에다가 '동기'라는 인맥을 쌓지 못한 약점도 내게 더해주었다. 동기라는 개념 없이 부하 직원들을 키워가면서 회사를 성장시키다 보니 막상 인력을 구성할 때 인력풀에도 한계가 왔고, 커뮤니케이션하는 데에도 어딘가 한 군데가 빠진 듯한 느낌을 지울 수 없다. 기존 직원들을 좀 더 업그레이드시키는 방법을 고심할 때에도 뜻하지 않은 벽에 부딪힐 때가 많다.

경험과 경력이 꼭 일치하는 것은 아니다

이런 약점은 회사가 커지면서 여실히 드러났다. 처음에 적은 인원으로 장사를 시작하고 사업을 꾸려갈 때는 잘되던 시스템이, 인원이 100명을 넘어가기 시작하면서 삐걱거리더니 200명이 넘어가기 시작하면서는 전혀 작동을 하지 않는 것이다. 혼자 궁리를 해보았지만 문제를 해결할 수 없었다. 결국에는 이를 해결하기 위해 현재 많은 돈을 지급하고 경영 컨설팅을 받고 있다.

경영 컨설팅이라는 것이 단어는 거창하지만 실제로는 별다른 게 없다. 그저 직원들을 묶는 팀 단위 인원을 정하고, 부서마다 부서장에게 어느 선까지 권한을 넘길 것인지를 정하고, 잘하고 못한 일에 대한 상벌의 범위와 기준을 정하는 일 따위가 경영 컨설팅이라는 이름으로 불린다.

이런 일은 내가 직장생활을 5년 정도만 경험했어도 충분히 보고 배울 수 있었던 일인데, 상당히 높은 수준의 대가를 지불하면서 귀로만 들어야 하니 답답할 따름이다. 타임머신이 있다면 나는 젊을 때로 돌아가서 5년, 아니 단 3년이라도 직장생활을 경험하고 싶다.

새로운 매장을 시작할 때도 마찬가지다. 나는 퇴직 후 처음으로 카페나 음식매장을 준비하는 창업주들에게 적어도 6개월은 마이너스가 나더라도 인건비를 지급할 수 있는 현금 흐름을 만들고 시작하라고 권장한다. 부족한 경험을 고작 한 달 정도의 가맹 교육으로 덮기에는 역부족이기 때문이다. 물론 아이템이 좋아서 대박을 터트릴 수도 있지만 장사는 최악의 경우도 함께 생각해야 하기 때문에 버틸 수 있는 자금을 만들어야 한다는 것이다.

하지만 카페 매니저 등을 오랜 기간 경험하고 온 친구들 중 '일부'에게는 이런 말을 하지 않는다. '일부'라고 단서를 붙인 이유는 매니저 경력이 많다고 해서 모든 친구가 장사를 잘하는 것은 아니기 때문이다. 매니저를 하면서 사장의 입장에서 오랜 기간 생각하고 일해본 친구들은 확실히 실패 확률이 낮다.

연습할 때
자기 것처럼 경험하라

매니저를 하더라도 사장의 입장에서 일하느냐 매니저의 입장에서 일하느냐는 경험의 차이가 크다.

매니저 입장에서 일하는 친구는 직원이 말을 듣지 않으면 당장 못살게 굴고 내보내버린다. 하지만 사장의 입장에서 일하는 친구는 그 직원을 다독여서 자기 사람으로 만들려고 노력한다. 당장 그 직원이 그만두면 다른 사람이 아닌 자신이 힘들어진다는 것을 알기 때문이다.

카페를 관리하면서 커피 원두나 부자재를 주문할 때도 매니저는 무조건 새것 그리고 비싼 제품을 선호한다. 물론 새것이 중고보다 좋고 비싼 제품이 대부분 저렴한 제품보다 맛이 좋다. 하지만 사장의 입장에서 일하는 매니저는 새것 같은 중고가 있는지 한 번 더 알아보고 가격을 비교한다. 무조건 비싼 제품보다는 가성비가 좋은 제품을 찾아보려고 한 군데라도 더 전화해보고 발품을 판다.

이러한 경험의 유무는 본인 매장을 시작했을 때 진가를 발휘한다. 누구든 경험이 없는 상태로 매장을 시작하면 통상적으로 겪게 되는 시행착오 때문에 상당히 큰 폭의 마이너스를 경험하게 된다. 이를 우리는 '수업료'라고 부른다.

이렇게 손해 보는 기간 동안 임대료, 직원들 인건비, 각종 원자재 비용을 누군가 대신 납부해준다고 하면 얼마나 좋겠는가? 지금 당신이 어딘가에 소속되어 일하고 있다면 바로 지금이 그때다. 무상으로 경험할 수 있을 때 최대한 오너의 눈으로 경험하는 연습을 하라. 직장인이라면 왜 회사가 이런 규모로 인원을 구성했는지, 이런 상벌을 정했는지, 이런 규칙을 정했는지를 고민하라. 누군가가 나를 싫어할 때 내 감정대로 행동하기 전에 회사의 오너로서 원하는 행동이 무엇인지 고민하라.

그렇게 생각하는 습관이 당신이 당신만의 비즈니스를 시작했을 때 납부해야 할 수업료를 대폭 줄여줄 것이고, 겪어야 하는 시행착오를 최소화해줄 것이다. 또한 자칫 겉만 보고 뛰어들었다가 실패할 수 있는 사업이 무엇인지 판단하는 눈을 만들어줄 것이다. 경험은 곧 기회다. 이 소중한 기회를 얻기 위해서는 솔선해서 행동하는 것이 필수다.

31 거절 없이는 승낙도 없다

"스무 살 때 나는 도전하고 싶었다"

스무 살 때 공인중개사 자격증을 취득하면서 나의 영업 인생은 시작되었다. 가정 형편이 어려워지고 예정되었던 진로가 뒤엉키면서 일찍부터 영업 전선에 뛰어든 것이었지만, 그렇다고 타의에 의한 진출은 아니었다.

스무 살의 나는, 무엇보다 도전하고 싶다는 열망이 더 컸다. 일의 성패와 상관없이 일정하게 급여를 받는 것은 내 성에 차지 않았다. 게다가 작은 물건보다는 큰 물건을 팔고 싶다는 마음이 강했기에 부동산을 택했다. 그로부터 17여 년이 흐른 지금 연매출 80억 원 규모의 법인회사 대표이사를 맡고 있다.

아직 성공했다고 하기에는 갈 길이 한참 멀지만, 그래도 흔히 말하는 '흙수저'에서 이 정도라도 성장할 수 있었던 데에는 스무 살 때 배운 영업력의 영향이 적지 않다고 생각한다.

영업은 계획대로 안 되는 일의 연속이다

"영업을 잘한다는 것과 그렇지 못한 사람의 차이는 무엇인가? 협상을 잘하는 방법은 무엇인가?"

항상 이 질문 앞에 서면 많은 생각을 하게 된다.

사실 우리 인생은 처음부터 끝까지 영업과 협상의 연속이라고 해도 과언이 아니다. 갓난아기 때는 울음소리로 젖 달라는 표현을 했고, 말을 배우기 시작하면서부터는 떼를 써서 원하는 것을 얻어냈다. 어린아이도 부모에게 자기만의 '협상' 방법을 나름대로 터득하는 것이다. 학교에 다니면서부터는 공부에 대한 보상으로 시험성적표를 받고, 교우관계를 통해 사람 사이의 관계는 주고받는 것이 기본임을 배우게 된다.

사업을 하면서는 더더욱 영업의 연속이다. 스티브 잡스가 애플의 CEO로서 직접 신제품 브리핑을 담당했던 가장 큰 이유는, 중요한 영업은 본인이 해야 가장 효과적이라는 생각을 했기 때문이다. 국가 간의 마찰로 인해 반도체 핵심 소재들의 수출이 제한되었을 때에는 국제적인 기업인 삼성의 수장 이재용 대표가 직접 일본을 두 차례나 방문했다. 이 역시 일련의 영업이라 할 수 있고 가장 중요한 영업을 누가 해야 하는지 여실히 보여주는 사례다.

세상을 살다 보면 계획했던 대로 흘러가지 않을 때가 있다. 아니, 오히려 대부분의 경우 자기가 생각한 계산대로 굴러가지 않는 게 세상일이라고 해도 무방할 것이다.

사업의 영역은 더하다. 아무리 계산을 철저히 해도 변수가 생기고 예측이 빗나간다. 나는 '영업'이야말로 이런 상황이 발생했을 때 이를 극복하기 위해 인력을 사용해서 할 수 있는 모든 행위의 표현이라고 생각한다.

세상이 보여주는 거절의 총합, 영업

영업을 잘하기 위해서는 우선 거절당하는 일에 익숙해져야 한다. 거절당하지 않는 영업은 없다. 수차례의 거절을 맞아야만 한 번의 성사가 이루어지는 것인데, 많은 사람이 바로 이 '거절'이 두려워서 영업에 뛰어드는 것을 꺼린다. 거절은 매우 당연한 일임을 명심하자.

세상은 어떤 형태로든 우리에게 '거절'을 보여준다. 영업직에서 경험하는 거절은 아주 사소한 일이다.

그래서 나는 사회 초년생들에게 기회가 된다면 거절을 많이 당할 수 있는 영업직을 경험해보기를 권한다. 그렇게 하면 자연스럽게 거절에 대한 면역력이 생긴다.

사람을 만나는 족족 내 물건을 사주거나 내 사업에 동참해준다면 더할 나위 없이 좋겠지만 세상에 그런 영업은 없다. 요즘 시대에 그런 일은 주로 온라인을 통해 이루어진다. 사람을 통한 영업은 영업자인 당신을 안 만나주고, 당신의 말을 안 들으려 하고, 당신의 전화를 안 받고, 당신이 전하는 정보를 전면 부인하는 데에서 시작한다. 그런 이들을 찾아가고, 그들을 붙잡아 끈질기게 반복해서 설득하고 제안하여 마침내 계약을 성사시키는 일이 '영업'의 시작이자 끝이고 또 핵심이다.

북극에서도 얼음정수기를 팔 자신이 있어야 한다

당신이 열 번을 거절당해도 열한 번째에 계약을 성사시켰다면 이는 무의미한 거절 열 건에서 계약 한 건을 차감하는 것이 아니라 오로지 한 번의 온전한 계약으로 평가된다. 아무리 기술이 발달하고 인공지능이 주를 이루는 시대가 오더라도 이 '사람에 대한 영업'만큼은 절대 기계가 대신해줄 수 없는 영역이다.

이처럼 상대의 거절을 거절하는 법을 배우게 되면 다음에 본인이 사업을 할 때, 혹은 다른 영업을 할 때 굉장히 큰 무기가 된다. 업무와 사업은 크든 작든 모두 거절을 거절하는 것의 연속이기 때문이다.

나는 항상 직원들에게 이야기한다.

"저는 북극에 가서도 얼음정수기를 판매할 자신이 있고, 사막에 가서도 오리털 패딩을 판매할 자신이 있습니다. 진정한 영업을 하기 위해서는 필요해서가 아니라 미안해서, 혹은 질려서라도 사게 만들겠다는 각오가 서 있어야 합니다."

내가 이런 말을 하면 직원들의 반응은 크게 두 가지로 나뉜다. 이를 긍정적인 의미로 받아들이는 쪽과 부정적인 의미로 받아들이는 쪽. 그런데 두 그룹은 결과적으로 큰 차이를 보인다. 분당에 있는 분양 현장에서 일할 때 나는 이 둘의 차이를 아주 뚜렷하게 경험할 수 있었다.

김 과장은 성공하고 박 과장은 실패했던 단순한 이유

내가 일하던 분양 사무소에 두 신입 사원이 입사했다. 김 과장과 박 과장으로 직함을 단 그들은 둘 다 젊었고 패기가 있었다. 일을 시작한 시기도 비슷했고 일에 대한 이해도도 비슷했지만, 업무에 임하는 자세는 전혀 달랐다.

당시 회사에서는 잠재 고객들에게 홍보용으로 나누어주라고 각티슈를 제작해서 영업사원들에게 할당했다.

김 과장은 각티슈를 차에 싣고 다니며 잠재 고객들에게 일일이 나누어주며 열심히 홍보에 열중했다. 그러나 박 과장은 달랐다. 그는 "어차피 이런 거 나눠준다고 당장 계약하는 것도 아닌데 뭐"라며 자신의 집으로 가져가버렸다. 방문 영업에서도 둘은 확연히 달랐다.

김 과장은 자신이 배당받은 지역 상인들을 매주 2~3회씩 꼬박꼬박 방문하면서 안부 인사를 드리고 사장님들에게 눈도장을 찍었다. 분양에 관심이 없다고 거절하는 사장님들일지라도 늘 웃으며 아침 인사를 챙기는 것도 잊지 않았다. 반면 박 과장은 상인들이 한번 거절 의사를 밝히면 다시는 찾아가지 않았다.

그렇게 약 한 달 반 정도가 지나자 김 과장과 박 과장의 성과는 차이가 나기 시작했다. 애초부터 관심이 없다던 사장님들이 한 분 한 분씩 김 과장의 이야기에 귀를 기울이기 시작하더니 급기야 계약 건수가 나오기 시작한 것이다. 한두 분이 계약을 하기 시작하자 주변에서 분양하는 상가에 관심을 갖기 시작하더니 주변 상인들이 너도나도 김 과장을 담당으로 추천하기 시작했다. 급기야는 김 과장이 맡았던 영업 구역의 상인들뿐 아니라 박 과장이 맡았던 구역의 상인들까지 김 과장에게 찾아가 계약을 체결하는 안타까운 상황이 벌어졌다.

과연 박 과장이 상인들의 거절을 '거절'하고 계속해서 맡은 구역의 상인들을 일주일에 한 번씩이라도 찾아다녔다면 그렇게 본인이 배정받은 구역의 고객들까지 김 과장에게 빼앗겼을까? 당연히 그렇지 않았을 것이다. 이 '한 끗'의 차이가 모든 사업의 성패를 좌우한다고 해도 과언이 아니다.

실패의 경험을 두려워하지 마라

노력은 배신하지 않는다는 당연한 진리가 눈에 보이는데도, 대부분의 직원들은 박 과장과 비슷한 모습으로 영업을 하고 있다. 영업직에서는 이러한 성향의 차이가 결과로 바로 도드라지는 탓에 눈에 잘 띌 뿐이지, 사실 이 같은 차이는 어느 직장에서도 마찬가지로 적용된다고 할 수 있다.

김 과장 같은 열정을 가진 사람보다 박 과장 같은 타성에 젖은 사람이 더 많은 것도 사실이다.

지금 이 책을 읽는 당신은 어떤가? 거절당하는 것이 두려워 거래처에 말도 제대로 하지 못하고 있지는 않은가? 어차피 말해도 안 들어줄 것이라며 자위하고 있지는 않은가? 도전하고 싶은 마음은 큰데 세상의 거절이 두렵거나 혹은 해도 안 될 것이라며 지레 포기하고 있지는 않은가?

도전했다가 거절당해 실패하는 것과 처음부터 아무것도 하지 않아 실패하는 것은 당장의 결과는 비슷해 보일지 모르지만 전혀 다르다. 전자의 경우에는 '실패'함으로써 배울 수 있는 '노하우와 경험'이 쌓이기 때문이다. 그리고 이 경험과 노하우는 '성공'으로 가려면 반드시 필요한 요소다.

행동해야만 거절도 있고 실패도 있으며 성공도 있을 수 있다. 성공을 이루는 과정에서 거절이 반복되는 것은 지극히 당연한 일임을 받아들여라. 왜 내 생각처럼 잘 안 되는지, 왜 상대가 내 아이디어를 받아들이지 않는지에 대해 절망하지 마라. 상대의 거절은 승낙을 위한 전조 증상일 뿐임을 명심하자. 세상의 거절을 그대로 받아들이고 당장의 편안함을 찾아 주저앉을 것인지, 거절을 거절하고 다시 한 번 앞으로 나아가 성공을 거둘 것인지는 당신에게 달렸다.

32
행동이 결과를 만든다

행동 전 계획은 필수다

어떤 일을 진행하기 전에는 항상 계획이 필요하다. 계획이라는 것은 어떤 일을 실행하는 데 큰 틀을 놓치지 않고 가기 위해 그리고 최우선시되는 작은 과제들을 순서대로 처리해나가기 위해 반드시 필요하다.

카페 창업을 예로 들어보자. 우선 매장을 하겠다고 마음을 먹었다면 어디에 할 것인지 선정하고, 그 매장 주변에 상권을 살펴서 어떤 메뉴에 주력할 것인지 선택하고, 영업시간은 어떻게 할 것인지, 직원 구성 및 근무시간은 어떻게 편성할 것인지 등 오픈 전 미리 계획을 세운다. 하지만 실제 뚜껑을 열어보면 처음에 세웠던 계획대로 되지 않는 경우가 대부분이다. 계획을 세울 때 예상하지 못했던 변수들이 튀어나오기 때문이다.

젊은 사람이 많이 올 줄 알았는데 중년 부부들이 많이 찾게 되는 경우도 있고, 낮은 가격 정책이 적합할 줄 알았는데 오히려 저렴한 음료보다 고급 음료를 선호하는 경우도 있고, 주력을 삼으려고 했던 음료는 팔리지 않고 대충 구색 맞추기로 만들어 추가했던 음료가 의외로 유명해지는 경우도 있다.

가끔은 처음에 세웠던 큰 틀의 계획을 전면 수정하고 급기야는 업종 자체를 바꿔야 하는 경우도 생긴다. 이러한 변수들에 대처할 수 있는 임기응변 능력치는 계획보다는 경험에 의해 길러진다. 많은 경험으로 인해 얻은 내공은 계획으로 예방하기 어려운 리스크를 감당하는 데 도움을 준다.

계획하는 것과
직접 하는 것은 천지 차이다

계획만 하는 것과 직접 해보는 것은 경험이라는 큰 차이가 있다. 아무리 계획을 열심히 짜고 변수를 생각해보더라도 직접 해보지 않으면 파악하기 어려운 일들이 많다. 많은 외식 창업 컨설턴트들이 있지만 그중에 본인이 직접 장사를 겸하는 경우는 극히 드물다. 그들의 강의를 들어보면 큰 틀에서는 틀리지 않지만 세밀한 부분에서는 의아한 부분이 생기기 마련이다.

작더라도 본인이 직접 장사를 하면서 직원들에게 인건비를 지급해보고 원가와 임대료를 계산해본 사람과 그렇지 않은 사람은 손익계산에서 확연하게 달라진다.

이는 부동산 분야에서도 마찬가지다. 경매 학원에는 1년째 경매를 수강하는 원생이 상당히 많다. 3개월만 배우면 입찰부터 명도까지 다 배워서 도전할 수 있는데도 혹시 모를 사고를 예방하기 위해 1년이나 수강을 계속하곤 한다.

돈이 많이 들어서도 아니다. 물론 물건에 따라 현금이 많이 필요한 경우도 있지만 작은 물건부터 도전하면 대출이 적잖이 나오기 때문에 실제 현금이 크게 필요하지 않다(지금은 부동산 정책의 변화로 대출 규제가 예전과 달라 내가 경매를 할 때와는 상황이 조금 달라졌다. 그래도 행동에 나서라는 대원칙은 변하지 않는다고 나는 생각한다).

나는 경매를 배우러 왔으면 최소한 3개월이 지나면 한 건이라도 낙찰을 받아보라고 권장한다. 이론으로 배우는 것과 실제 과정을 경험해보는 것은 전혀 다른 문제이기 때문에 작더라도 손해 보지 않으면 된다는 마음으로 먼저 도전해볼 것을 권장한다.

하지만 일부 수강생들은 경험을 하는 것은 급하지 않다며 좀 더 안전에 대한 확신이 확고해지면 하겠다고 이야기한다. 재미있는 사실은 이렇게 말하는 수강생들 대부분이 2~3년의 시간이 지나도 단 한 건도 입찰하지 못하는 경우가 많다는 사실이다.

건물을 짓고 파는 경우도 그렇다. 땅을 매입해서 건축하고 분양

하는 일을 한 번도 하지 않은 사람은 많지만 한 번만 하는 사람은 없다는 말이 있다. 경험을 해보기까지가 어려울 뿐이지 일단 한번 경험하고 나면 그다음부터는 일의 진행이 훨씬 쉬워진다는 말이다.

자신의 확신에 집중하고 일단 시작하라

때로는 일단 실행하는 것이 필요할 때가 있다. 아니, 오히려 대부분의 상황에서 어느 정도의 기본적인 준비가 끝났다면 일단 시작하는 것이 좋다. 그 결과가 성공하면 성공하는 대로, 실패하면 실패하는 대로 우리에게 좋은 경험이 된다.

처음 40평짜리 카페를 시작할 때 내 수중에는 돈이 없었다. 돈이 없는 와중에도 나는 그 자리를 보자마자 카페를 하면 정말 잘될 것이라는 확신이 들었다. 그러나 총 창업 예산에서 1억 원이나 모자랐고, 나는 커피에 관해서는 거의 문외한에 가까웠다. 커피를 내리는 방법은커녕 커피 맛도 제대로 알지 못했다.

누가 봐도 객관적으로 해서는 안 될 상황이었지만, 나는 그 자리에 카페가 들어서면 성공하겠다는 확신이 들었고, 나는 내 확신에만 집중했다.

일단 계약금부터 걸었다. 계약금을 걸고 나서 잔금까지 여유가 생기자 여기저기 돈을 구할 방법을 찾으러 다녔다. 일부는 아버지를 설득해서 부모님 집의 담보대출을 받았고 일부는 지인들에게 지분

투자를 받았다. 부모님 집은 대출 한도를 높이기 위해 1금융 은행권에서 금리가 높은 2금융 캐피탈로 옮기기까지 해서 자금을 마련했다. 그래도 2천만 원 정도가 부족했다. 나는 당시 프랜차이즈 사업을 하던 친구에게 본사 투자 명목으로 투자해주지 않으면 오픈을 할 수 없다고 부탁해서 겨우 오픈을 할 수 있었다.

남들이 다 말릴 때 그렇게 힘겹게 오픈한 첫 카페는 그 이후로 5년 넘게 내게 매달 1천만 원 이상의 안정적인 수입을 가져다주었고, 나로 하여금 '커피를 내릴 줄 몰라도 되는 카페 운영'이라는 주제로 카페 컨설팅을 할 수 있게 해주는 경험을 쌓게 해주었다. 나는 이 일로, 경험이 하나 쌓이면 그것이 자양분이 되어 다른 사업이나 일로 점프하고 확장하게 하는 계기가 됨을 실감할 수 있었다.

물론 너무 무모한 도전을 권장하는 것은 아니다. 자기 나름대로 가능성과 계획을 세워 확신이 들 때 시도하는 것이 맞다. 하지만 너무 확실한 계획을 세우는 일에 치우치다 자칫 기회를 놓치는 것은 아닌지 스스로 점검해볼 필요는 있다. 확신이 든다면 일단 시작해보자. 계획만 해서는 아무것도 경험하지 못하고 끝나므로 안정적인 계획만 지속하는 것보다는 칼을 뽑아드는 편이 백 번 낫다.

33
일단 시작하면 달라진다

나와는
다른 세상 이야기라고 생각했다

나는 상당히 운동신경이 없는 사람이다. 발사이즈가 300밀리미터인 데다 평발이라 태생적으로 민첩하지 못하다. 관절도 워낙 약했고 본래 타고나길 허약 체질이었다. 어렸을 적에는 그래도 동네 아이들과 축구나 농구를 하고는 했는데 이상하게 같은 시간 축구를 해도 나는 좀처럼 실력이 늘지 않았다. 점점 학년이 더해갈수록 아이들과 실력 차이가 커져갔고 급기야는 체육 시간에 축구나 농구를 하면 아예 함께 어울리지 못할 정도로 격차가 나기 시작했다. 그렇게 고등학교에 입학할 때까지 구기 종목과는 점점 멀어졌고 제대로 된 운동을 경험해보지 못한 채 살았다. 그럴수록 성격도 점점 더 소심해지고 내성적이 되어갔다.

그렇게 소심한 아이인 채로 고등학교에 진학했다. 내가 다닌 고등학교 아래쪽에 격투기 체육관이 있었는데 등하굣길에 오가면서 관심이 생기기 시작했다. 하지만 여전히 나는 운동신경도 없었고 자신감도 없는 십대였다. 운동, 그것도 격투기는 나와는 다른 세상 이야기라고만 생각했는데, 같은 반에 격투기 체육관을 다니는 친구가 배우고 싶으면 체육관에 한번 나오라고 권했다. 나는 그런 거 못한다고 몇 차례 거절하다가 못 이기는 척 마지못해 체육관에 등록했다.

시작은 반이고 연습은 전부다

처음에 가기 두려웠던 체육관이었지만 일단 등록하고 나자 상황은 달라졌다. 관장님은 나를 반겨주었고 관원들도 환영해주었다. 격투기 도장이었지만 초보자에게 맞추어 가르쳐주었기에 별다른 어려움 없이 시키는 대로 반복하기만 하면 되었다. 동작을 배울수록 자신감이 올라가기 시작했다. 왠지 나 자신이 점점 강해지는 기분도 들었다. 남들보다 운동신경이 없다 보니 민첩함이 필요한 동작은 몇 배 더 연습해야 했지만 오히려 그런 약점이 남들보다 많은 연습량을 소화하게 만드는 계기가 되었다.

연습량이 많다 보니 실력이 나날이 늘어갔고 그에 따라 자신감도 상승했다. 남들은 한 달이면 배우는 덤블링을 5개월이 넘게 매일같이 연습해서 마침내 해냈을 때 관장님과 관원들이 자기 일처럼 기뻐했던 기억이 생생하다. 자신감이 상승하니 자연스럽게 성격도 외향적이 되어갔고 친구들도 많아졌다. 그리고 이전에 할 수 없는 일을 해내고 있다는 경험은 강력한 중독성이 있어서 격투기에 더욱 매진하게 만들었다.

운동신경이 떨어지던 학생인 나는 고등학교 2학년 때 첫 전국 아마추어 대회에 출전해서 은메달을 땄다. 그리고 다시 다음 전국대회에서는 당당하게 금메달을 목에 걸 수 있었다. 나는 이때 꾸준한 연습만으로도 타고난 운동신경을 극복할 수 있음을 깨달았다. 운동이, 또 격투기가 좋았기에 이는 내게 매우 값지고 소중한 깨달음이었다.

운동에 중독되어 살다

이런 경험을 하다 보니 운동에 자신감이 붙었고, 이후 진로를 이쪽으로 정해 체육대학에 입학하기에 이르렀다. 이후 대학교에서 격투기 선수로 뛰다가 부상을 당하면서 1년 만에 자퇴를 했지만 운동만큼은 접지 않았다. 몇 년 뒤에는 한양대학교 생활체육학과에 입학해 좋아하는 운동을 계속했다.

이맘때는 아예 운동에 중독된 듯, 하루도 운동을 쉴 수 없었다. 웨이트트레이닝을 하루 두 시간씩 했고 격투기를 제외한 수영과 달리기 등 다양한 운동을 병행하면서 운동능력을 키웠다. 체육대학교는 졸업 시험 때 체력 검정을 하는데 엘리트 체육인 출신이 많은 학교임에도 운동신경이 없었던 내가 체력장에서 상위 5명 안에 드는 기록을 내기도 했다. 특히 장거리 달리기에서는 동기들 중 1위를 기록했다.

내 운동능력은 이제 180도 달라졌다

나는 업무가 바빠진 지금도 주에 2~3회는 새벽에 일어나 운동을 한다. 그렇게 운동을 하다 거울을 보면 가끔 너털웃음이 나올 때가 있다. 그렇게나 운동신경 없었던 내가 이렇게나 운동에 열중하고 있다는 사실이 신기하기 때문이다. 지금 나는 대한체육회소속 인천시 씨름협회 부회장을 맡고 있으며, 모 피트니스협회 지역회장, 또 대한민국 최초의 민간올림픽 페스티벌의 총괄이사도 겸하고 있다.

이렇게 스포츠 쪽 일을 많이 하게 된 계기는 고등학교 1학년 때 격투기 체육관에 첫발을 디뎠기 때문이다. 뭔가를 시도하려고 할 때 우리는 누구보다 자기 자신을 잘 안다고 생각한다. 현재의 객관적인 자신의 능력치를 알기 때문에 스스로의 행동반경을 제한할 때가 있다. 나도 친구가 체육관에 오라고 했을 때 내 운동신경을 누구보다 잘 알았기에 수차례 거절했다.

하지만 일단 시작을 하니 상황은 180도 달라졌다. 스스로 확인한 객관적인 데이터는 생각보다 쉽게 무너졌다. 나는 이제 나 자신을 객관적으로 운동능력이 뛰어난 사람으로 평가하고 있다. 당신도 당신 스스로 '이런 건 내가 할 수 있는 일이 아니야'라고 막고 있지는 않은가? 자기 자신이 할 수 있는 일을 스스로 막아서는 안 된다. 스스로가 제한하는 일 외에는 무슨 일이든 할 수 있음을 명심하자.

34

안 된다는 생각은 로그아웃하라

되는 대로 살다가 빠진 드럼 연주

내가 드럼을 처음 배운 것은 중학교 3학년, 다니던 교회에서였다. 당시 드럼을 치던 형이 내게 배워볼 것을 권했는데, 나는 동네 형과 더 친하게 지내고 싶은 마음에 얼른 따라 배우기 시작했다. 그렇게 시작한 드럼은 점점 재미가 붙었고, 당시까지 어느 것에도 제대로 도전해본 적 없는 인생을 살았던 나에게 뭔가를 배우고 익숙해진다는 것은 꽤나 중독성이 있는 일이 되었다.

다행히 내가 다니던 교회는 평일 낮에도 드럼 연습을 할 수 있게 해주었다. 시간만 허락되면 나는 항상 드럼을 연습하러 교회에 갔고, 한번 연습을 시작하면 몇 시간을 계속해서 했다. 그렇게 하다 보니 고등학교에 진학할 즈음에는 완전한 드럼 마니아가 되어 있었고, 연주도 꽤나 수준급 실력을 갖추게 되었다. 이때 나는 알았다. 공부가 아니더라도 청소년기에 미쳐볼 대상 하나쯤은 반드시 필요하고 또 중요하다고.

학교가 인정해주지 않은 '학교 밴드'

고등학교에 진학해서 밴드부에 들어가려고 했는데 아쉽게도 들어간 학교에는 밴드부가 없었다. 그렇게 1학년을 보내고 2학년이 되면서 나는 선후배들과 밴드부를 창단하기로 마음먹었다. 수소문해서 기타를 치는 친구, 노래를 하는 친구들을 모았다. 멤버는 의외로 잘 모였다. 이렇게 해서 3개월 만에 인천외고(구 영일외고) 최초로 밴드부가 탄생했다.

창단하고 1년 동안 학교에서는 우리 밴드부를 공식적으로 인정해주지 않았다. 그렇지만 우리는 굴하지 않고 경연대회에도 나가고 타 학교 축제에도 나갔다. 그렇게 1년이 가고 우리 학교 축제날이 다가왔다. 우리는 축제 기획 담당 선생님께 우리 밴드부를 무대에 서게 해달라고 요청했다. 선생님은 일언지하에 거절했다. 그러나 우리는 굴하지 않고 매일같이 찾아가 "우리 학교에 밴드부가 버젓이 있는데 어째서 축제 때 무대에 오르지 못하는가"에 대해, 그 억

울함에 대해 사정사정(?)한 끝에 축제 피날레를 우리에게 맡긴다는 허락을 받아냈다.

그 마지막 축제에서 우리 밴드부는 다행히 성황리에 공연을 마무리한 덕에 학생들은 물론이고 교직원들에게까지 이름을 널리 알리게 되었다. 이듬해 고등학교 3학년이 된 나는 밴드부 2년차가 되었다. 더 좋은 멤버 구성을 위해 멤버 구인 포스터를 만든 뒤 교무실의 억지 허락을 받아 학교 곳곳에 모집 포스터를 붙였다. 멤버가 보강되자 밴드부는 훨씬 안정화의 길로 들어섰다.

연습실 없는 밴드부는 말이 안 된다고 생각했다

당시까지 우리 밴드부는 학교에 연습실이 없었는데 어느 날 문득, 이런 생각이 들었다.

'우리가 인천외고 이름을 달고 나가면 학교 홍보도 되고 입상까지 한다면 학교의 이름을 널리 알리는 일인데, 학교에서 밴드부실 정도는 지원해줘야 하는 것 아닌가?'

당시 우리는 다른 학교에 가서 공연도 하고 경연대회에 나가 입상도 제법 했다. 그런데 학교에서 아무런 지원이 없다니 어딘가 말이 안 된다는 생각이 들었다. 더구나 곧 졸업인데, 비록 나는 이렇게 열악한 환경에서 연습했어도 후배들에게는 좋은 환경을 물려주고 싶었다. 처음에는 담임선생님과 그나마 도움을 줄 수 있을 것 같은 선생님들을 찾아가서 밴드부실을 만들어달라고 요청했다. 하지만 대화를 할수록 이 선생님들은 밴드부실을 만들어줄 이유도 없고, 만들어주고 싶어도 그런 권한을 가지고 있지 않은 상황임을 알게 될 뿐이었다.

우리 학교는 사립 재단이었는데, 사립학교의 경우 학교 공간을 임의로 변경하려면 교장선생님과 이사장님의 허락이 있어야 한다는 이야기를 어느 선생님이 해주었다. 그러면서 선생님들은 밴드부실 같은, 학업과 직접 관련이 없는 부서 이야기를 교장선생님께 꺼내는 것 자체가 어렵다고 말하셨다. 나는 더 이상 선생님들을 찾아다녀봐야 결론이 나지 않는다는 사실을 알았다. 상담해주던 선생님들도, 너희들의 열정은 알지만 이런 건 교장선생님께 말씀드리기도 어렵거니와 또 말씀을 드려봐야 안 되는 것이니 포기하라고 했다. 그때 내 머릿속에서 나온 답은 매우 간단했다. 선생님들 손으로 해결해줄 수 없는 일이니 내가 직접 교장실로 가야 한다고.

"10년 뒤에 10배로 갚겠습니다"

무턱대고 찾아가기 전에 먼저 전략적으로 편지를 쓰기로 했다. 교장선생님이 내 이야기를 길게 경청해줄 리 없다는 판단이 들었기 때문이다. 나는 장문의 편지에서 밴드부실을 만들어줄 것을 요구하되 우리 밴드부의 요구가 합당한 사실을 조목조목 적은 뒤 학교가 내

요구를 들어줄 만한 '조건'을 내걸었다.

"우리는 학교의 이름을 알리고 있습니다. 밴드부실만 지원해주면 연말에 인천에 있는 경연대회에서 대상을 받아 학교의 명성을 드높이겠습니다. 그리고 인천외고는 사립학교니까 계속 주인이 그대로지 않습니까? 저한테 밴드부 연습실을 지원해주시면 10년 뒤에 그 10배로 이 학교에 장학금을 내도록 하겠습니다."

나는 진지하게 파격적인(?) 조건을 내걸어, 학교가 손해 보는 장사는 아님을 분명히 드러냈다. 당시 정확한 워딩은 아닐지라도, 내 의도는 정확히 이런 내용을 담아 전했다. 편지를 보내고 일주일이 지났는데도 아무런 답장이 없어서 비슷한 내용의 편지를 한 장 더 써서 교장실에 직접 찾아가 건네드렸다. 이번에는 답신이 없어서 장학금을 20배로 올릴까 고민해봤는데, 아무리 생각해도 그건 무리라 이전과 같이 10배는 꼭 돌려드리겠노라 적었다.

그 뒤 약 2주가 지났을 즈음 밴드부를 지지해주던 선생님이 우리를 불렀다. 그 선생님은 교장선생님이 축제 준비를 위해 밴드부실을 제공해주라고 당부하셨다는 말씀과 함께 밴드부실로 사용할 지하 공간을 보여주었다. 이후에 우리 밴드부는 인천 경연대회에서 대상을 탔고, 전체 조회 시간에 전교생 앞에서 당당히 상장을 받았다. 나는 그때 모교에 했던 약속을 지키기 위해 지금도 소정의 장학금을 지원하고 있다. 그리고 2020년 3월에는 후원금도 전달할 수 있었다(20쪽 참조).

남들이 안 된다고 하는 말은 흘려들어라

그때 모든 선생님들의 말씀대로 내가 밴드부실을 포기했으면 어땠을까? 이 작은 차이는 내게 사소한 영향을 주어 나로 하여금 연습을 하지 못하게 했을 것이고, 당연히 경연 대상은 물 건너간 일이 되고 말았을 것이다. 그리고 그것은 결국 내가 모교에 장학금을 낼 이유가 없도록 만들었을 것이다.

대부분의 경험자들과 선배들이 하는 이야기는 틀리지 않지만, 가끔 나와 '다를 때'가 있다. 그럴 때는 일단 해보는 것이 큰 도움이 된다. 인생 선배님들이 아무리 그건 안 된다고 해도 내가 충분히 납득이 되지 않을 때는 끝수까지 둬봐야 한다. 그러면 안타깝게도 대다수는 역시 인생 선배들의 경험이 틀리지 않다는 진리를 배우게 되지만, 간혹 한두 번쯤은 다름이 인정되는 경우가 생긴다. 비록 열에 한두 번에 불과하지만 이 다름이 우리 인생 전반에 상당히 큰 효과를 가져온다는 사실에 주목하기 바란다.

35

공부하는 '때'도 내가 정한다

성적표는 '올 가'입니다

나는 고등학교 성적표가 '올 가'인 적이 있다. 행복은 성적순이 아니라고 생각하고 살았던 시절이다. 내가 학교 다닐 때는 점수에 따라 성적표에 수우미양가로 표시를 했는데 60점 이하는 '가'로 표시되었다. 머리가 나쁜 건지 언제부터인가 아무리 외워도 60점을 넘기가 힘들었다. 그렇다고 무지막지하게 결석을 한 것도 아니고, 시험을 안 본 것도 아니었다. 수능 시험도 아무리 공부해도 400점 만점에 130점을 넘기가 힘들었다.

중학교 때는 그래도 열심히 들으면 좀 맞출 수 있는 수준이었는데 고등학교에 진학하고 나서는 공부를 해보려고 해도 이미 너무 다른 세상 이야기라 진도를 따라갈 수가 없었던 기억이 있다. 나는 그래서 나 스스로를 공부를 못하는 사람으로 단정 지었다. 그래서인지 고등학교 때부터 예체능계인 운동하고 음악 쪽으로 진로를 잡고 더 열심히 하게 됐다. 할 줄 아는 게 이것뿐이라 간절했고, 그렇게 운동으로 대학교에 진학했는데 격투기 시합 준비 중 무릎을 수술하게 되는 바람에 선수 생활을 접게 되었다. 그때부터는 뭘 해야 할지 막막했다. 할 줄 아는 것이라고는 운동뿐인데 운동을 못하게 되니 앞으로의 인생 자체가 캄캄했다.

부모님은 어린놈이 쓸데없는 공부를 한다고 하셨다

어쩔 수 없이 뭐라도 공부하기로 마음먹었다. 학교 공부는 못했지만 먹고사는 실전에 필요한 자격증을 따는 건 가능할 것 같았다. 하는 만큼 벌 수 있는 일이 무엇이 있을까 찾다가 공인중개사를 찾게 되었고, 실무를 병행하면서 공부를 시작했다. 워낙 책상에 앉아 있던 버릇이 없다 보니 처음엔 상당히 힘겨웠다. 나는 초등학교 때부터 고등학교를 졸업하는 내내 생활기록부의 특기사항에 '주의가 산만함'이라는 멘트가 따라다녔던 사람이다. 당연히 한 시간 이상 앉아서 책을 보는 자체가 곤욕이었다.

어떨 때는 앉아 있기가 너무 힘들어서 책을 들고 지하철에 앉은 채로 종점을 오갔다. 차라리 시끄러운 지하철 내부가 훨씬 더 집중이 잘되었기 때문이다. 내 친구들은 나에게 절대 붙을 수 없다고 말했고, 부모님도 어린놈이 쓸데없는 일을 배우려 한다고 화를 내셨다. 스무 살짜리가 부동산 일을 배우는 것이 싫었던 부모님은 학원비도 지원해주지 않았고 그 바람에 스스로 부동산 실무를 하며 납부할 수밖에 없었다.

인터넷 강의를 3개월 정도 듣고 처음 학원에 가서 모의고사를 봤는데 결과가 처참했다. 나는 많이 외웠다고 생각했는데 합격의 문턱은 너무 높았다. 그 길로 친구들에게 6개월 후에 연락하겠다고 양해를 구한 뒤 핸드폰을 해지했다. 집에 오자마자 컴퓨터도 해체해서 부모님 방에 가져다놓았다. 떨어지면 비웃을 친구들의 얼굴과 '역시나'라고 말씀하실 부모님 얼굴을 생각하면서 남들 사법고시 공부하듯 공부를 했다. 그동안 얼마나 머리를 안 썼는지 도통 머리가 굳어서 외워지지 않았지만 최선을 다했고, 결국 합격증을 손에 넣을 수 있었다. 공인중개사 합격증은 내게는 남다른 의미가 있다. 이 시험을 계기로 공부에 자신감이 붙었기 때문이다. 그때부터 나는 무슨 공부든 시작하면 이룰 수 있다는 자신감을 얻었다.

"4년제 대학은 꿈도 꾸지 마"

사회생활을 하다 보니 대학교에 다시 가고 싶어졌다. 체대에 입학해 격투기 선수로 뛰다가 크게 다치면서 나는 1학기 만에 자퇴를 한 터였다. 경호실을 목표로 진학했던 대학교가 앞으로 내게는 먹고사는 데 도움이 되지 않는다는 판단에서 내린 결정이었다. 그런데 20대 중반 가까이 되어보니 대학 졸업장이 사회생활에 많은 도움이 된다는 사실을 알게 되었다. 일찍부터 사회생활을 해왔던지라 다시 수능을 준비해서 동생들과 4년이나 학교를 다닐 생각을 하니 끔찍했다. 그렇다고 포기하자니 지금도 이렇게 바쁜데 더 나이가 들고 가정이 생기면 영영 기회가 없을 것 같았다.

이런저런 고민을 하며 다른 방법을 알아보다 발견한 것이 사이버대학교를 통한 학사편입제도였다. 인터넷으로 수강할 수 있고 자격증도 학점으로 인정받을 수 있었기에 기존에 다닌 학교의 학점을 더하면 약 1년 6개월 만에 학사학위를 취득할 수 있었다. 나는 학점은행제 컨설턴트의 설명을 듣고는 곧바로 등록했다.

사이버대학교를 졸업하는 것은 어렵지 않았다. 그리고 그와 동시에 편입 영어학원을 다니기 시작했다. 이때만 해도 사이버대학을 이용해 졸업한 뒤 학사 편입을 하는 사람이 그렇게 많지 않았기에 주변에 경험자가 없어서 불안했다. 이론상으로는 충분히 가능할 것 같았지만 혹시나 하는 마음에 몇몇 대학교 입학처에 직접 전화를 걸어 학점은행제 학사 학위로 학사 편입 지원이 가능한지, 그에 따른 불이익은 없는지 재차 확인했다. 그런 불이익은 전혀 없다는 답을 받을 수 있었다.

편입 학원을 다닐 때도 공부는 여전히 힘들었다. 하지만 그보다 힘들었던 건 주변의 부정적인 반응이었다. 부모님께서는 그런 인터넷 대학교를 졸업해서 어떻게 멀쩡한 대학교에 들어가겠냐고 성화였고, 친구들도 그런 식으로는 절대 대학교에 진학할 수 없다고 했다. 한 번은 전문대를 다니던 친한 친구가 일반 4년제 대학교에서 사이버대학 출신을 뽑을 것 같냐며 어차피 면접에서 다 떨어뜨릴 거라며 확신에 차 말했다. 내가 별도의 면접 없이 학점하고 객관적인 편입 영어 점수만 합산하는 모집 요강을 다 확인했다고 말하는데도 친구 녀석은 여전히 절대로 갈 수가 없다며 자기주장을 꺾지 않았다. 그 일로 둘이 한참을 싸우다가 친구의 진심을 들을 수 있었다.

친구는 그런 식으로 4년제에 갈 수 있다면 지금 전문대에 다니면서 열심히 편입 준비를 하는 자기는 바보천치 아니겠냐고 되물었다. 친한 친구였지만 자기보다 공부를 못했던 내가 감히 4년제를 갈 거라고 말하고 다니는 게 싫을 수 있다는 사실을 그때 깨달았다.

나는 변호사 자격증도 딸 수 있는 사람이다

학점은행제를 시행한 첫해, 나는 두 곳의 '인서울' 대학 4년제 편입 시험에 합격했다. 그러나 원하는 학과가 아니어서 1년을 더 공부했고, 2008년 한양대학교 사회체육학과에 편입하는 데 성공했다. 첫 번째로 원하는 학과는 아니었지만, 나름대로 만족하며 학교생활을 했다. 재학 당시에는 편입학한 학우에 대한 묘한 신경전도 느꼈지

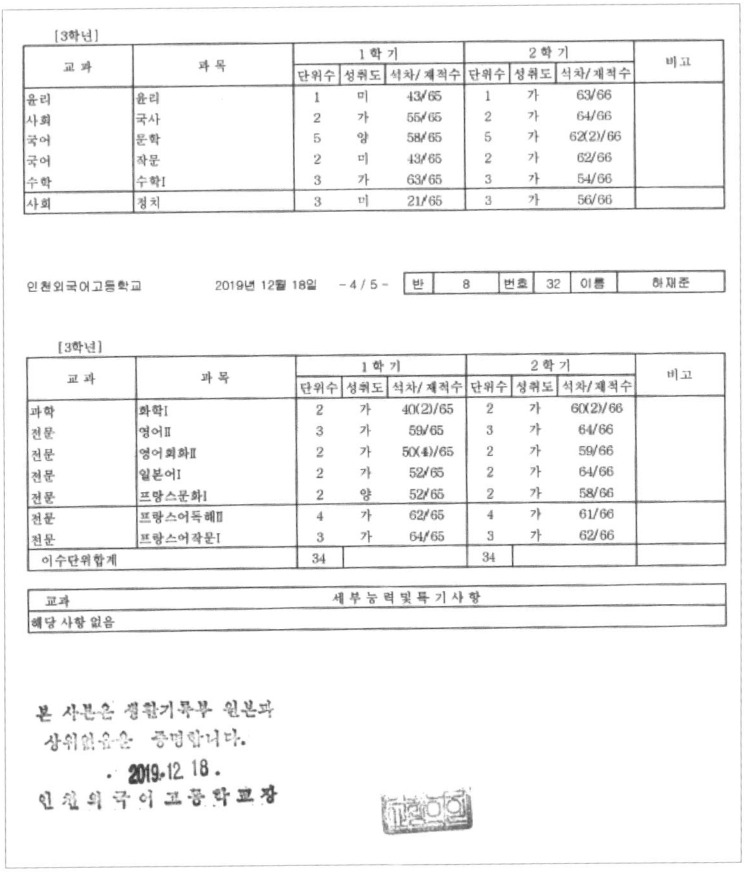

[3학년]

교과	과목	1학기 단위수	1학기 성취도	1학기 석차/재적수	2학기 단위수	2학기 성취도	2학기 석차/재적수	비고
윤리	윤리	1	미	43/65	1	가	63/66	
사회	국사	2	가	55/65	2	가	64/66	
국어	문학	5	양	58/65	5	가	62(2)/66	
국어	작문	2	미	43/65	2	가	62/66	
수학	수학I	3	가	63/65	3	가	54/66	
사회	정치	3	미	21/65	3	가	56/66	

인천외국어고등학교 2019년 12월 18일 - 4 / 5 - 반 8 번호 32 이름 하재준

[3학년]

교과	과목	1학기 단위수	1학기 성취도	1학기 석차/재적수	2학기 단위수	2학기 성취도	2학기 석차/재적수	비고
과학	화학I	2	가	40(2)/65	2	가	60(2)/66	
전문	영어II	3	가	59/65	3	가	64/66	
전문	영어회화II	2	가	50(4)/65	2	가	59/66	
전문	일본어I	2	가	52/65	2	가	64/66	
전문	프랑스문화I	2	양	52/65	2	가	58/66	
전문	프랑스어독해II	4	가	62/65	4	가	61/66	
전문	프랑스어작문I	3	가	64/65	3	가	62/66	
이수단위합계		34			34			

교과	세부능력및특기사항
해당 사항 없음	

본 사본은 생활기록부 원본과 상위없음을 증명합니다.
2019.12.18.
인천외국어고등학교장

인천외고 시절, 전설의 '올 가'를 받은 3학년 2학기 성적표

만 나는 그런 것 따위는 초월한 지 오래였다. 졸업한 지 10년이 넘은 지금 나는 인천 지역 한양대 총동문회에서 막내로서 많은 일을 맡아 왕성한 활동을 하고 있다.

나의 공부는 계속되어 지금은 인하대학교 정책대학원 부동산학과의 석사 과정을 밟고 있으며, 마치는 대로 박사 학위를 밟을 계획

이다. 그러는 사이사이 증권투자상담사, 파생상품투자상담사, 펀드 투자상담사, 자동차정비기능사, 자동차진단평가사, 사회복지사, 유통관리사 등 많은 자격증도 취득했다.

대학원에 수업을 들으러 갈 때나 외부 강연을 하러 갈 때면 고등학교 시절 '올 가'였던 성적표가 떠올라서 헛웃음이 나올 때가 있다. '올 가'를 맞았던 사람이 이렇게 학생들 앞에서 인생에 대해 논해도 되나 하는 우려(?)가 가끔 든다.

학창 시절 스스로를 공부 못하는 사람으로 단정 지을 만큼 공부에는 취미가 없었지만, 지금은 시간만 있다면 로스쿨에 가서 변호사 자격증도 딸 자신이 있다. 당신이 과거 '올 가'를 맞은 나보다 성적이 조금이라도 낫다면 나보다 훨씬 많은 자격증에 도전하고 진취적인 삶을 살아갈 수 있을 것이다.

36
절대는 '절대' 없다

세상에 없는 말

우리 회사의 팀장들이 나와 소통할 때 가장 주의하는 말이 하나 있다. 바로 "절대 안 됩니다"라는 말이다. 내 앞에서 이 말을 꺼내는 임원이나 팀장이 있다면 그날은 상당히 피곤해질 것을 각오해야 한다. 나는 그런 말을 꺼내는 직원들에게 한결같이 답한다.

"절대라는 단어는 '절대는 절대 없다'라는 문장에서만 쓰는 거야!"

내 기준에서 세상에 '절대' 안 되는 건 없다. 당신이 해보고 안 되는 건 당신 선에서 안 되는 거지 절대 안 되는 건 아니기 때문이다. 누군가는 당신이 못한 그 일을 해낼 수 있으므로, 절대 안 된다고 말해선 안 된다. 내가 이런 표현을 금지하는 이유는, 굳이 그런 일말의 가능성을 없애지 말라는 의미이기도 하고 다른 사람이 해내기 전에 다시 한 번 방법을 찾아보라는 의미이기도 하다.

안 된다고 하기 전에 정말 자신이 모든 방법을 다 동원해보았는지, 끝수까지 두었는지 깊게 생각하는 버릇을 들여야 한다. 그렇게 반복하다 보면 절대 안 된다고 생각했던 일들 중에 상당수는 해결되는 것을 경험할 수 있다.

"대표님, 정말 너무하십니다"

나는 약 3년간 타이어 전문점과 내비게이션 및 차량 썬팅 전문점을 함께 운영한 적이 있다. 나쁘지 않은 매출에도 불구하고 생각보다 신경 쓸 것이 많아 운영을 접은 지 이제 약 2년 정도 지났다.

국내에서 국산 신차를 출고하면 '썬팅 쿠폰'이라는 것을 제조사에서 준다. 현대, 기아, 쉐보레 그리고 르노삼성까지 당시 모두 '썬팅 쿠폰'을 제공했다. 그러면 신차를 출고한 고객은 이 쿠폰을 가지고 거주지 근처의 지정점에 가서 썬팅을 요청하고 지정점은 고객에게 무상으로 선팅을 시공해준 뒤 쿠폰 번호를 입력하여 제조사에서 돈을 지급받는 방식이다.

가만히 앉아 있어도 고객이 찾아오고 첫 차를 산 고객과 접점을 만들 수 있는 기회이니 업체 입장에서는 정말 꼭 필요한 쿠폰이었다. 나는 매장을 맡아서 하고 있는 점장에게 대행업체로 등록해보라고 지시했다. 그런데 절대 안 된다는 답변만 돌아왔다. 세상에 안 되는 게 어디 있냐고 다시 해보라고 반복하길 수차례 했으나 "대표님 이건 제가 이 업을 1~2년 해본 게 아니라서 확실히 말씀드립니다. 초장기에 등록한 업체 말고는 단 한 업체도 추가 등록을 한 적이 없습니다"라는 답변만 메아리처럼 돌아올 뿐이었다.

이 쿠폰을 사용할 수 있는 지정점 등록이 불가능하다니, 도저히 이해가 가지 않았다. 요즘이 어떤 세상인데 그런 불공정한 거래가 있단 말인가? 말이 되지 않는다고 생각했고 우리 대표를 맡은 친구가 뭔가 설득력이 부족해서 그럴 것이란 생각에 계속 다그치기를 한 달 정도 지속했다. 급기야 담당 점장 입에서 이런 말이 나오고야 말았다.

"제가 할 수 없어서 안 하는 게 아닌데 대표님, 정말 너무하십니다."

"독도에서 창업할 게 아니라면 도저히 안 됩니다"

점장의 고백(?) 아닌 고백을 듣고 나자, 내가 직접 움직여서 해결해야 할 상황이 왔다는 것을 짐작할 수 있었다. 점장을 앞에 앉혀놓고 잘 보라며 호기롭게 대행업체에 전화를 걸었다. 재미있게도 이 모든 국내 제조사의 썬팅 쿠폰 등록 대행업체가 대한민국에 단 한 곳밖에 없었다. 나는 상대가 무슨 말을 하든 논리적으로 풀어서 설명하고 설득해서 쿠폰 등록업체 신규 등록을 할 수 있을 것이라 자신했는데 수화기 너머로 돌아오는 대답은 가관이었다.

“사장님이 독도에 창업하시는 게 아니라면 저희는 더 이상 등록해드리기 어렵습니다. 저희는 최근 약 7년 동안 바다를 매립해서 만들어진 신도시를 제외하고는 신규 등록을 해드린 업체가 없고, 이미 기존 업체만도 포화 상태이기 때문에 절대 등록해드릴 수 없습니다.”

나는 기존 업체들과 우리가 불공정한 경쟁을 해야 하는 것이 아니냐고 따져 물었지만 수화기 너머로 들리는 목소리는 차갑고 냉랭했다. 이미 나같이 요청하는 사람이 하루에 몇 건씩 있다는 말로 질문에 대한 답을 대신했다.

화가 나기도 했고, 무엇보다 옆에 있는 점장의 얼굴을 보기가 창피했다. 안 된다는 점장에게 호언장담했는데 이 꼴이 나고 말다니……. 일이 이렇게 되고 나자 어떻게든 쿠폰 지정권을 받아내고야 말겠다는 욕심이 생겼다. 법률에 의해 할 수 없는 강제적인 이유가 아니라면 사람이 하는 일인데 못할 이유가 없다고 생각했다. 최대한 귀찮게 하면 위법이 아닌 이상 분명히 해줄 것이라는 생각이 들었다. 지정점 본사에도 몇 차례 찾아가 요청했지만 소용이 없었다. 억울하고 분한 마음에 잠도 오지 않았다. 어떻게든 해야겠다는 오기가 생겼다. 각종 법률을 뒤적이고 공정거래위원회에도 제소를 신청했다.

반대에 반대하는 프로세스를 몸에 배게 하라

약 한 달 뒤, 해당 등록 대행업체에서 먼저 연락이 왔다. 등록 절차를 위해 본점으로 방문해달라는 요청이었다. 이로써 우리 매장은 7년간 단 한 번도 등록된 적 없는 신규 썬팅 쿠폰 등록 지점으로 지정되었다. 독도가 아니라면 불가능하다는 말을 보란 듯이 넘어선 성과에 나도 우리 지점 사람들도 모두 뛸 듯이 기뻐했다.

마음먹은 일을 추진하고자 할 때 경험자나 주변 사람의 말을 참고할 수는 있다. 그러나 그들의 말을 맹신할 필요는 없다. 이미 경험(그것도 실패의 경험)을 했다고 해서, 전문가라고 해서, 그들 말이 모두 정답인 것은 아니기 때문이다. 물론 그들의 말을 참고하고 최대한 주의를 기울여야 하는 것은 사실이지만 결과까지 미리 예측할 필요는 없다.

당시만 해도 나는 썬팅지 종류에 뭐가 있는지조차 모르는 초짜 중의 초짜였고, 우리 점장은 이 계통에서 경력 10년의 베테랑이었다. 배경과 경험만 놓고 보면 사실 점장이 그렇게 이야기했을 때 내가 포기했어야 하는 게 일반적이다. 하지만 나에게는 이미 반대에 반대하고 거절에 거절하는 프로세스가 수차례의 학습을 통해 몸에 배어 있었다. 중요한 것은 이뿐이었다. 나는 내가 받아낸 결과물뿐만 아니라 경험자, 전문가, 연장자들의 비관론에도 다시 한 번 더 시도하고 부딪쳐 성과를 이루어냈다. 그리고 그것은 고스란히 나의 성공적인 경험치로 축적되었다.

자신의 삶에 역동적인 요소가 없다면 지금이라도 깊게 생각해야 한다. 우리 삶은 치열한 전쟁터이고 세상은 굉장히 역동적으로 굴러간다. 많은 사람들이 이 치열한 삶 속에서 안정된 방향을 선택하고 최대한 몸을 사리는 길로 가려 하지만, 세상을 보다 크게 움직이기 위해서는 뜨겁게 부딪치고 치열하게 상대해야 한다. 그리고 명심해야 한다. 절대 안 되는 것은 '절대' 없다고.

37

성공은 운이 좌우한다. 겸손하라

세상은 성공한 친구는 욕해도 갑부는 욕하지 않는다

사람들은 자수성가한 사람을 생각보다 좋아하지 않는다. 자수성가에는 두 가지 큰 약점이 있다. 하나는 자칫 한 번의 실수로 무너지면 다시 일어나는 데 많은 시간이 필요하다는 점이고, 또 다른 하나는 한때 비슷한 처지에 놓여 있었던 사람들의 박탈감으로 인한 시기와 질투에 시달린다는 점이다.

전자의 경우 모든 자수성가형이 그런 것은 아니지만, 뒷심을 받쳐줄 배경이 없는 경우에는 대다수가 많이 힘들어진다.

사람들은 이 세상이 공평한 출발선에서 시작하지 않는다는 점에 대해 충분히 알고 있다. 그래서 가끔 자신보다 훨씬 더 높은 지위에 있거나 부를 이룬 사람들을 볼 때 출발선부터 자신보다 앞서 있었을 것이라며 위안하고는 한다. 이미 출발선상이 자신과 달랐다고 자위할 수 있기 때문에 부럽기는 하지만 시기와 질투의 대상으로 삼지는 않는다.

하지만 자신과 같이 평범하게 학창 시절을 보냈던 친구가 성인이 돼서 엄청난 부를 쌓게 되거나, 높은 사회적 지위에 오르게 되면 진정한 축하의 마음보다는 왠지 모르게 배가 아프고 질투가 나는 법이다.

그들이 나보다 열심히 했기 때문에 성공했다고 받아들이기보다는 권력자에게 아첨을 떨었거나, 불법적인 방법을 썼거나, 아니면 그저 운이 좋았거나 등의 이유로 성공했다고 폄하를 하곤 한다. 때로는 성공한 친구들의 학창 시절 일화를 언급하며 깎아내리는 일도 있다.

출발선이 달랐다는 핑계가 통하지 않을 때

내가 사는 인천에도 꽤나 성공한 친구들이나 한두 살 터울의 선, 후배들이 있다. 연예인이 되어서 성공한 친구도 있고, 사업을 하면서 전국적으로 성공한 친구도 있다. 간혹 술자리에 가보면 우리 주변의 친구들과 선배들 중 이들의 성공을 진정으로 축하하고 칭찬하는 사람보다는 그 사람 자체를 깎아내리는 발언을 하는 사람이 많음을 알게 된다. 사람이 돈 좀 벌더니 변했다고 하는 사람들도 있고, 인간 관계가 안 좋다고 욕하는 사람들도 있다.

하지만 정작 당사자에게 물어보면 당사자는 그 사람을 기억도 못 하는 경우가 많다. 이러한 시기와 질투는 상대적 박탈감에서 오는 것이다.

한 예로, 나는 사람들이 삼성 이재용 부회장이나 아랍에미리트 만수르의 재력을 질투하는 경우는 본 적이 없다. 부러워하기는 하되 시기하거나 욕을 하지는 않는 것이다. 만수르의 어린 시절을 욕하는 사람도, 이재용 부회장의 어린 시절을 폄하하는 사람도 본 적이 없다. 하지만 이상하게도 우리 주변에 가까웠던 사람들이 성공의 가도를 달리게 되면 가까운 이들이 적이 되는 것을 본다.

처음부터 출발선이 달랐던 사람을 보면 우리는 출발선이 달랐다는 핑계 거리를 만들 수 있다. 하지만 자신과 비슷한 처지에서 평범하게 살았던 주변 사람의 성공가도를 보는 것이 우리로 하여금 마음을 괴롭게 하는 것이다.

나와 같은 환경에 처해 있었던 사람의 성공은, 역설하면 나의 게으름의 방증이기도 하다. 나도 저 사람만큼 노력했으면 충분히 성공가도를 함께 달렸을 수도 있는데 그렇게 하지 않았다는 증거가 되는 것이다. 사람들은 이 사실을 인정하고 싶지 않고 그래서 성공한 주변 지인을 폄하하게 되는 것이다.

어렸을 때 나보다 못났었다고 말하거나, 예전엔 사람이 괜찮았는데 변했다고 말하거나, 뭔가 부정한 방법으로 돈을 벌었다고 하거나, 겉보기엔 사업이 잘되는 것처럼 보이지만 속은 속빈 강정이라고 하는 등 온갖 상대를 깎아내리는 표현을 함으로써 자신이 인생을 게을리 살지 않았다고 믿고 싶은 것이다. 하지만 본인도 함께 성공의 가도를 달리는 사람은 절대 그런 일이 없다. 이러한 마음가짐의 차이부터가 성공의 가능성을 가른다. 성공한 사람들은 상대방의 성공을 진심으로 축하하려고 노력한다.

물론 사람이라 가까운 사람의 성공은 자신에게 위기감으로 다가오기 때문에 마음 한구석이 불편한 것은 어쩔 수 없다. 옛말에 사촌이 땅을 사면 배가 아프다고 하지 않던가? 하지만 대부분의 성공한 사람들은 마음 한구석에 이런 질투의 마음이 들어도 이내 눌러버린다. 그리고 진심으로 상대를 축하하고 본인도 더 열심히 해서 저 친구를 넘어서자는 각오를 다지게 마련이다.

우리가 이뤘다고
못한 사람들을 질책하고 무시하지 마라

만약 당신이 이제 막 성공가도를 달리고 있거나, 또래 친구들보다 조금 더 빠른 성장을 경험하거나, 직장에서의 업무 실적이 다른 동료들보다 월등하다면 이런 주변인들의 질투를 받고 있을 가능성이 높다. 그리고 안타깝게도 대부분의 자수성가형 성공자들은 이러한 경험이 처음이다 보니 이들에게 감정적으로 대응하기가 쉽다. 그래서 자수성가로 성공한 사람이나 직장에서 독보적인 실적을 보유한 직원들은 주변에 가까운 사람이 적다. 특히나 자수성가로 성공한 사람이 값비싼 차량이나 액세서리 등으로 부를 과시하면 주변의 질투는 극에 달하게 된다.

이미 사회는 거미줄처럼 얽혀 있어서 당신이 아무리 잘나도 혼자 힘으로 계속 성공가도를 달리기 어렵다. 당장의 좁은 성공가도는 달릴 수 있을지 몰라도 보다 넓은 가도로 옮겨갈 시기가 오면 주변 사람의 응원이 필요해진다.

당신을 뒤에서 욕하는 사람이 많은 것은 좋은 일이 아니며, 신경 쓰지 않아도 되는 일은 더더욱 아니다. 물론 한 명도 없을 수는 없겠지만, 적어도 스스로의 행동으로 인해 생겨나는 질투라면 스스로가 조금은 자제하고 조심할 필요가 있다. 특히나 자수성가한 사람이 친구에게 도움을 준답시고 직설적으로 그 사람의 게으름과 나태함을 꾸짖는다면 이는 상대가 웬만한 정신력으로 무장이 된 사람이 아니고서는 받아들여지기 어렵다. 오히려 당신에 대한 반발심만 만들 뿐이다.

타인의 질투를 응원으로 바꾸어라

당신이 지금 조직 내에서 실적이 좋거나 이미 자수성가로 성공의 가도를 달리는 중이라면, 가능하면 남들보다 훨씬 더 겸손해야 한다. 당신은 자수성가가 아닌 성공자의 경우보다 훨씬 더 많은 이들의 시샘을 받을 것이다. 이처럼 성공한 당신에게 주변인들이 느끼는 질투는, 당신이 같은 환경에서도 당신만큼 성공하지 못한 자신들을 무시할 것이라는 추측에서 나오는 일종의 방어본능이다. 하지만 이들에게 보다 겸손한 모습과 존중하는 모습을 보여준다면 이들의 시기와 질투는 금세 응원으로 바뀌게 된다. 그리고 자수성가형 사업가들은 가능하면 운이 좋았다는 표현을 많이 사용하는 게 좋다.

실제로 사업은 절대적인 운이 좌우한다. 아무리 열심히 노력하고 철두철미하게 준비해도 좋은 기운이 함께하지 않는다면 성공하기 어렵다.

대부분의 자수성가형 인물은 이러한 성공의 이유를 운보다는 실력이라고 말한다. 그 말도 물론 맞다. 운 역시 실력이기도 하고, 실력이 없는 사람에게는 운이 붙지 않는 법이다.

하지만 스스로가 운이 좋아서 성공했다고 말한다면 비슷한 환경에 처했던 상대로 하여금 안도의 한숨을 쉬게 할 수 있다. 본인이 열심히 하지 않아서가 아니라 이 사람이 운이 좋아서 성공한 거구나, 라는 마음을 건네준다면 조금은 쉽사리 상대를 당신 편으로 만들 수 있다. 그리고 그렇게 만들어서 쌓인 당신 편들은 당신이 보다 넓은 성공가도에 올라타려고 할 때 굉장히 큰 힘을 발휘한다. 나의 경우는 이렇게 쌓인 이미지가 사업을 한 단계 끌어올리려 할 때 굉장히 큰 도움이 되었다.

사람에게 베풀어도 상대가 고마워할 줄 모르는 것 같고 돌아오는 게 없다는 생각이 들 때 겸손한 마음으로 '나는 운이 좋았다'라는 문장을 다시 한 번 되뇌기를 바란다. 그리고 당신도 타인의 질투를 응원으로 바꾸는 경험을 하기 바란다. 당신이 이 책을 접하고 남들과 다른 행동력을 보이게 되면 금방 자수성가하는 사람의 반열에 오를 수 있다. 그랬을 때 주변 사람이 조금씩 떠나가는 느낌이 들기 시작하면 다시 이 장을 들여다보기 바란다.

북큐레이션 • 원하는 곳에서 꿈꾸고, 가슴 뛰는 삶을 살고픈 이들을 위한 책

《미라클 액션》과 함께 읽으면 좋을 책. 남보다 한 발 앞서 꾸준함을 가지고 미래를 준비하는 사람이 주인공이 됩니다.

스탠퍼드는 이렇게 창업한다

강환규 지음 | 15,000원

"남들이 하는 창업 말고 자신이 할 수 있는 유일한 창업을 하라"
창업을 꿈꾸는 당신의 손에 들려 있어야 할 행동 지침서!

전 세계에서 유니콘 창업가를 가장 많이 배출한 대학교는 스탠퍼드다. 스탠퍼드에는 무슨 특별한 교육과정이 있기에 세계적인 스타트업 양성소가 되었을까? 이 책에는 한국보다 20배 더 뜨거운 창업 열풍을 불러일으킨 스탠퍼드 대학교의 핵심 노하우가 담겨 있다. 혁신, 창의, 기술을 리드하는 창업의 성공 공식과 이를 바탕으로 스스로 창업 역량을 키울 수 있는 핵심적인 라이프 스킬과 역량이 실려 있다. 저자가 소개하는 스탠퍼드 방식을 따른다면 자신과 세상을 성장시키는 창업을 하게 될 것이다. 그리고 당장 창업을 꿈꾸지 않는 사람들이라면 '회사 일에서부터 프로페셔널해질' 것이다.

매출 때문에 고민입니다

지현 지음 | 16,000원

입소문 타는 매장은 그만한 이유가 있다!
지나가는 사람도 단골로 만드는 매장 운영 노하우 공개

매장 운영자들의 가장 큰 걱정은 뭐니 뭐니 해도 매출이다. 올라도 모자랄 판에 제자리걸음이거나 오히려 떨어진다면 그보다 속 타는 일도 없다. 매년 수많은 매장이 생겨나고 문을 닫는다. 고객이 몰리는 매장은 대체 무엇이 어떻게 다른가? 마케팅, 인간력, 감성, 서비스력을 갖춘다면 지금보다 획기적인 성장이 가능하다고 생각하는 저자는 매출을 증대하기 위해서 무엇을 해야 하는지, 고객과 무엇을 소통해야 할지, 구성원들을 성장시키기 위한 방법은 무엇인지에 대한 구체적인 방향을 제시한다.

노마드비즈니스맨
NOMAD
BUSINESS
MAN
플랫폼 구축
트레이닝 시트
수록

1년100권 독서법
1년 100권 독서법
4STEP 방법 공개